OFFICES

PROPRES

DE L'EGLISE PAROISSIALE

DE SAINT LANDRY.

OFFICES
PROPRES
DE
L'EGLISE PAROISSIALE
DE
SAINT LANDRY,

DRESSE'S SELON LE NOUVEAU BREVIAIRE
Et le nouveau Missel de Paris.

A PARIS,
Chez JEAN-THOMAS HERISSANT,
Libraire, rue S. Jacques, à S. Paul
& à S. Hilaire.

M. DCC. XLV.
Avec Approbation & Permission.

PREFACE.

L'Usage fondé sur la pratique presque universelle des Paroisses de Paris éxigeant qu'on mette une Préface à la tête des Offices propres desdites Paroisses, on a crû devoir s'y conformer ; & pour la rendre plus intéressante, on a jugé à propos d'y traiter quelques points historiques touchant la fondation de l'Eglise de saint Landry, & la vie des saints Patrons de cette Paroisse, ou l'histoire de leur culte.

I. Nous n'avons pû découvrir aucun monument qui pût nous fixer le vrai temps de la fondation de cette Eglise. Il y a cependant beaucoup d'apparence qu'elle est au moins du onziéme siécle, puisque dans le douziéme elle tenoit déja son rang entre les Paroisses de Paris, dont la nomination & collation, ainsi que de quelques autres, appartenoit à l'Evêque. En effet, dans la concession que fit Maurice de Sully en 1192. de l'Eglise & de la présentation à la Cure au Chapitre de saint Germain, * elle y est désignée comme une Eglise qui n'étoit pas de récente fondation, puisqu'elle se trouve jointe à la tête de quelques autres dont l'origine est plus certaine & en même temps plus ancienne. Nous n'avons garde cependant de vouloir profiter de ce défaut de titres, pour faire remonter au temps de l'Episcopat de saint Landry la fondation de cette

* Voyez le titre de cette concession dans les preuves justif. de l'Hist. de Paris par Félibien.

Paroiſſe, comme une tradition populaire, mais ſans fondement ſuffiſant, voudroit le perſuader. Nos raiſons de douter de ce fait ſont, 1°. Qu'il eſt à préſumer que ſi cette Egliſe devoit à ſon ſaint Patron ſa premiére fondation, elle auroit eu l'avantage de poſſéder ſes précieuſes Reliques, & de lui fournir un tombeau, ſuivant le pieux uſage du ſiécle où ce Saint à vécu. 2°. Il reſteroit quelque veſtige qui nous inſtruiroit du premier Titulaire qu'elle auroit eu, avant de porter le nom de ſon Fondateur ; & c'eſt ſur quoi on ne peut rien découvrir dans les monumens de ces temps-là : & on ne s'eſt jamais aviſé de dire que la Paroiſſe de ſaint Landry ait eu d'autre Titulaire que ce ſaint Evêque. On ne dira pas non plus qu'elle n'ait été érigée que pour y dépoſer les Reliques de ſon ſaint Patron ; puiſque celles qu'elle poſſéde, ne lui ont été données que par Pierre d'Orgemont, un des ſucceſſeurs de Maurice de Sully, & avant l'Epiſcopat duquel non-ſeulement cette Egliſe ſubſiſtoit, mais portoit de plus le titre de ſaint Landry, qu'elle conſerve encore aujourd'hui.

II. Il ſeroit à ſouhaiter que les faits principaux de la vie & de l'Epiſcopat de S. Landry fuſſent appuyés ſur des preuves plus invincibles que ne ſont des traditions, pieuſes à la vérité, mais au moins trop récentes pour la plûpart pour avoir l'autorité de forcer les eſprits amateurs du vrai. Auſſi en nous contentant de renvoyer les Fidéles pour l'hiſtoire de ce S. Evêque à ce qu'en diſent les Leçons du ſecond Nocturne de l'Office de ſa Fête, nous nous bornerons à faire quelques remarques ſur l'hiſtoire de ſon culte. La preuve la plus ancienne que nous ayons de ce culte, eſt la premiére Tranſlation qui fut faite de ſon corps par Maurice de Sully Evêque de Paris, en 1171. La ſeconde eſt un Martyrologe à l'uſage de l'Egliſe de Notre-Dame, qui ſe conserve dans la Bibliothéque du Roi, & paroît écrit cent ans environ après cette Translation. La Fête de saint Landry y est marquée au 10. Juin, jour auquel l'Eglise de Paris la célébre encore de nos jours. Tous les autres monumens sont postérieurs à ces deux premiers; d'où il est aisé de conclure qu'avant la premiére Translation du corps du saint Evêque, son culte n'étoit pas encore bien étendu: mais il n'est point douteux que cette Translation n'ait été faite qu'en conséquence des miracles & des prodiges opérés au tombeau de notre Saint, lesquels contribuérent à réveiller la confiance des peuples en son intercession. Ainsi ce n'est, à proprement parler, qu'à cette Translation qu'il faut fixer l'époque du culte public rendu à saint Landry: culte qui depuis ce temps-là n'a souffert aucune interruption. On ne s'arrêtera pas ici à faire l'apologie de ce culte, & à le justifier contre les impies déclamations des sieurs Valois & Sauval. Ceux qui voudront se mettre au fait de la dispute sur ce point de l'histoire de Paris, n'auront qu'à lire la Dissertation * de M. l'Abbé Lebeuf, où ce sçavant Auteur prouve d'une maniére triomphante contre ces deux MM. que quoique le culte que l'on rend à notre saint Patron, ait commencé assez longtemps après sa mort, l'Eglise de Paris est bien autorisée à l'honorer d'un culte religieux; & que l'on ne peut attaquer avec quelque fondement son usage & sa pratique en ce point.

III. Outre saint Landry seul Titulaire de cette Eglise, cette Paroisse reconnoit & célébre saint Jean-Baptiste comme son second Patron. On ne peut marquer le temps où elle a commencé à rendre au Précurseur du Sauveur ce culte particulier; & il y a beaucoup d'apparence qu'il faudroit remonter à sa fondation pour en fixer l'origine.

* 2. Vol. des Dissert. sur l'Hist. Ecclés. & Civile de Paris, chez Durand, 1741.

Nous n'avons garde de rien toucher ici de la vie de ce plus grand des enfans des femmes ; l'Evangile qui en contient l'histoire, étant entre les mains de tous les Fidéles, qui peuvent l'y étudier. Nous nous bornerons seulement à donner à la suite de cette petite Préface une table des usages fixes & mobiles de cette Paroisse ; afin que les Paroissiens en étant instruits, ils soient plus empressés à remplir à cet égard tous les devoirs que la piété doit leur inspirer, & qu'on n'ait pas toujours à se plaindre qu'une partie considérable des Offices est négligée & abandonnée, n'y ayant que les Ecclésiastiques seuls ou presque seuls dans l'Eglise, lorsqu'on les célébre.

USAGES FIXES ET MOBILES

DE L'EGLISE DE S. LANDRY.

1. TOus les jours ouvriers depuis Pâque jusqu'au 1. Octobre, la premiére Messe (basse) se dit à 7. heures ; & depuis le 1. Octobre jusqu'à Pâque, à 8. heures : la derniére en tout temps se dit à midi sonné.
2. Tous les Samedis & les veilles de Fêtes ordinaires, on chante les premiéres Vêpres & les Complies à deux heures. On exceptera le Carême, pendant lequel les Vêpres se disent le matin à onze heures.
3. Les veilles des Fêtes annuelles, grands & petits Solemnels, les Vêpres ne se chantent qu'à trois heures : & aussi-tôt après Complies on chante Matines & Laudes.
4. Tous les Dimanches ordinaires la premiére Messe est suivie d'un Prône. Cette Messe se dit

à 6. heures depuis Pâque jusqu'à la S. Remi; & depuis la S. Remi jusqu'à Pâque, à 7. heures.

5. Les Fêtes, la premiére Messe se dit à la même heure que le Dimanche, sans Prône.

6. Tous les Dimanches, la Grand'Messe se chante à 9. heures & demie. Elle est précedée de la Bénédiction & Aspersion de l'Eau, après laquelle on chante le *Veni, Creator.* & ensuite on fait la Procession sans sortir de l'Eglise.

7. Toutes les Fêtes, la Grand'Messe se dit à 10. heures.

8. Tous les Jeudis de l'année, on expose le saint Sacrement à la Grand'Messe, qui se dit à 10. heures; & le soir il y a Salut, qui se dit à 6. heures en Esté, & à 5. heures en Hyver.

9. Les premiers Jeudis de chaque mois, il y a Procession du S. Sacrement au Salut.

10. Tous les premiers Dimanches des mois (excepté Avril & Juin,) il y a Salut avec exposition du S. Sacrement.

11. Il y a de même Salut toutes les Fêtes solemnelles.

12. Il y a encore Salut le 15. Décembre & les huit jours suivans, ausquels on chante les Antiennes solemnelles *O*.

13. Tous les Vendredis de Carême on chante à dix heures une Messe solemnelle de la Passion, fondée par le Sieur Girardon qui a fait présent à cette Eglise de la magnifique descente de Croix, au bas de laquelle il est inhumé. A cette Messe doivent assister & aller à l'offrande six pauvres femmes de la Paroisse, à la nomination de M. le Curé, à chacune desquelles on distribue dix sols après la Messe.

14. Il n'y a de Processions dans cette Paroisse hors de l'Eglise, que les jours suivans.

Le jour des Rameaux.

Le jour de S. LANDRY.

Le Dimanche dans l'Octave de S. Landry.

Le jour de la Fête-Dieu, & le jour de l'Octave.
Le jour de S. JEAN-BAPTISTE.
Le jour de la Dédicace.

15. En Carême & en Avent on fait le soir des Priéres, où après une courte Instruction on donne la Bénédiction avec le saint Ciboire.

16. On ne chante les petites Heures, Prime, Tierce, Sexte & None, que les jours suivans.
Le jour de Pâque & les deux jours suivans.
Le jour de Quasimodo.
Le jour de l'Annonciation.
Le jour de S. Landry.
Le jour de la Fête-Dieu, & toute l'Octave.
Le jour de S. Jean-Baptiste.
A la Fête de la Dédicace.

Les autres usages seront mieux placés dans l'ordre du Calendrier, comme il suit.

EN AVRIL.

25. Le jour de S. Marc on fait la Procession dans l'Eglise, après laquelle on chante la Messe de la Station au Chœur.

JUILLET.

Le premier Dimanche ont fait l'Office de la Dédicace de cette Eglise, *Grand-Solemnel.*

EN AOUST.

Le 6. Fête de la Transfiguration de N. S. il y a premiéres Vêpres, Grand'Messe, secondes Vêpres, & Salut avec Exposition.

Le 16. Fête de S. Roch, Grand'Messe, premiéres & secondes Vêpres.

Le 29. Fête de la Décollation de S. JEAN; s'il est Dimanche, l'Office est de cette Fête, *Double-majeur.*

OCTOBRE.

Le premier Dimanche de ce mois on fait l'Office de la Translation de S. LANDRY, *Petit-Solemnel.*

L'ORDINAIRE

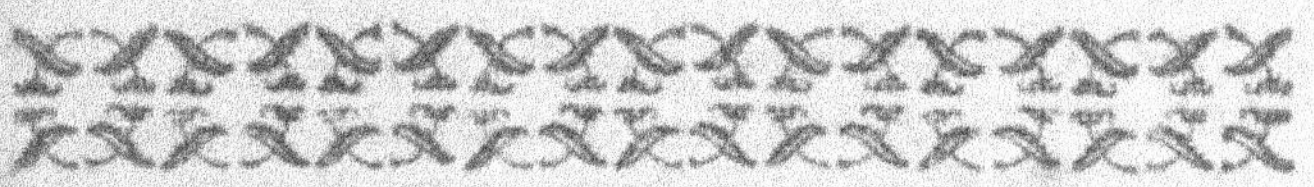

L'ORDINAIRE DE LA MESSE.

Priere avant la Messe.

PRosterné au pied de votre saint Autel, je vous adore, Dieu tout-puissant : je crois fermement que la Messe à laquelle je vais assister, est le sacrifice du corps & du sang de Jesus-Christ votre Fils : faites que j'y assiste avec l'attention, le respect & la frayeur que demandent de si redoutables Mystéres ; & que par les mérites de la Victime qui s'immole pour moi, immolé moi-même avec elle, je ne vive plus que pour vous, qui vivez & regnez dans tous les siécles des siécles. Amen.

Le Prêtre au pied de l'Autel, fait le signe de la Croix, & dit :

AU nom du Pere, & du Fils, & du saint Esprit. Amen.

IN nómine Patris, & Filii, & Spiritûs sancti. Amen.

Je m'approcherai de l'autel de Dieu : ℟. Je me présenterai devant Dieu, qui remplit mon ame d'une joie toujours nouvelle.

Introïbo ad altáre Dei, ℟. Ad Deum qui lætíficat juventútem meam. *Ps.* 42.

Pseaume 42.

SOyez mon Juge, ô mon Dieu, & prenez ma défense contre les impies : délivrez-moi de l'homme injuste & trompeur.

JUdica me, Deus, & discerne causam meam de gente non sancta : ab hómine iníquo & dolóso érue me.

℟. Quia tu es, Deus, fortitúdo mea: quare me repulisti? & quare tristis incédo, dum affligit me inimícus?

℟. Car vous êtes mon Dieu, vous êtes ma force: pourquoi vous éloignez-vous de moi? pourquoi me laissez-vous dans le deuil & la tristesse sous l'oppression de mes ennemis?

Emitte lucem tuam & veritátem tuam: ipsa me deduxérunt, & adduxérunt in montem sanctum tuum, & in tabernácula tua.

Faites briller sur moi votre lumiére & votre vérité: qu'elles me conduisent sur votre montagne sainte, & qu'elles me fassent entrer jusque dans votre sanctuaire.

℟. Et introíbo ad altáre Dei, ad Deum qui lætíficat juventútem meam.

℟. Je m'approcherai de l'autel de Dieu: je me présenterai devant Dieu, qui remplit mon ame d'une joie toujours nouvelle.

Confitébor tibi in cithara, Deus, Deus meus: quare tristis es, ánima mea? & quare conturbas me?

Je chanterai vos louanges sur la harpe, mon Seigneur & mon Dieu: ô mon ame, pourquoi donc êtes-vous triste? & pourquoi me troublez-vous?

℟. Spera in Deo, quóniam adhuc confitébor illi: salutáre vultûs mei, & Deus meus.

℟. Espérez en Dieu, car je lui rendrai encore des actions de graces: il est mon Sauveur, il est mon Dieu.

Glória Patri, & Filio, & Spiritui san-

Gloire au Pere, & au Fils, & au saint Esprit:

℟. Aujourd'hui & toujours, comme dès le commencement, & dans tous les siécles des siécles. Amen.

ɕto : ℟. Sicut erat in princípio, & nunc, & semper, & in sécula seculórum. Amen.

Je m'approcherai de l'autel de Dieu : ℟. Je me présenterai devant Dieu, qui remplit mon ame d'une joie toujours nouvelle.

Introíbo ad altáre Dei, ℟. Ad Deum qui lætificat juventútem meam.

Notre secours est dans le nom du Seigneur, ℟. Qui a fait le ciel & la terre. *Ps. 123.*

Adjutórium nostrum in nómine Dómini, ℟. Qui fecit cœlum & terram.

Après le Confiteor. *du Prêtre, les Assistans répondent :*

QUe Dieu tout-puissant ait pitié de vous ; & qu'après vous avoir pardonné vos pechés, il vous conduise à la vie éternelle.

℟. Amen.

MIsereátur tuî omnípotens Deus ; & dimissis peccátis tuis, perdúcat te ad vitam æternam. ℟. Amen.

Les Assistans font la Confession, en disant :

JE confesse à Dieu tout-puissant, à la bienheureuse Marie toujours Vierge, à saint Michel Archange, à saint Jean-Baptiste, aux Apôtres saint Pierre & saint Paul, à tous les Saints, & à vous, mon Pere, que j'ai beauçoup péché par pensées, par paroles, &

COnfiteor Deo omnipotenti, beátæ Maríæ semper Vírgini, beáto Michaéli Archángelo, beáto Joanni Baptistæ, sanctis Apóstolis Petro & Paulo, ómnibus Sanctis, &

tibi, Pater, quia peccávi nimis cogitatióne, verbo, & ópere: meâ culpâ: meâ culpâ: meâ máximâ culpâ. Ideò precor beátam Maríam semper Vírginem, beátum Michaélem Archángelum, beátum Joannem Baptístam, sanctos Apóstolos Petrum & Paulum, omnes Sanctos, & te, Pater, oráre pro me ad Dóminum Deum nostrum.

par actions : c'est ma faute : c'est ma faute : c'est ma très-grande faute. C'est pourquoi je supplie la bienheureuse Marie toujours Vierge, saint Michel Archange, saint Jean-Baptiste, les Apôtres saint Pierre & saint Paul, tous les Saints, & vous, mon Pere, de prier pour moi le Seigneur notre Dieu.

Le Prêtre prie pour les Assistans, & pour lui-même.

MIsereátur vestrî omnípotens Deus; & dimissis peccátis vestris, perdúcat vos ad vitam ætérnam. ℟. Amen.

Indulgéntiam, absolutiónem, & remissiónem peccatórum nostrórum tríbuat nobis omnípotens & miséricors Dóminus. ℟. Amen.

Deus, tu convérsus vivificábis nos;

QUe Dieu tout-puissant ait pitié de vous ; & qu'après vous avoir pardonné vos pechés, il vous conduise à la vie éternelle.

℟. Amen.

Que le Seigneur tout-puissant & miséricordieux nous accorde le pardon, l'absolution & la remission de nos pechés.

℟. Amen.

Mon Dieu, tournez vos regards vers nous,

& vous nous donnerez un nouvelle vie ; ℟. Et votre peuple se réjouira en vous.

℟. Et plebs tua lætábitur in te. *Ps.* 84.

Faites-nous sentir, Seigneur, les effets de votre miséricorde ; ℟. Et accordez-nous le salut qui vient de vous.

Osténde nobis, Dómine, misericórdiam tuam ; ℟. Et salutáre tuum da nobis. *Ps.* 84.

Seigneur, daignez écouter ma priére ; ℟. Et que mes cris pénétrent jusqu'à vous.

Dómine, exaudi oratiónem meam ; ℟. Et clamor meus ad te véniat. *Ps.* 101.

℣. Le Seigneur soit avec vous, ℟. Et avec votre esprit.

℣. Dóminus vobiscum, ℟. Et cum spíritu tuo.

Lorsque le Prêtre monte à l'Autel.

NOus vous supplions, Seigneur, d'effacer & de détruire nos iniquités ; afin que nous nous approchions du Saint des Saints avec une entiére pureté de cœur & d'esprit ; Par J. C. N. S.

AUfer à nobis, quæsumus, Dómine, iniquitátes nostras ; ut ad Sancta Sanctórum puris mereámur méntibus introire ; Per Christum.

Lorsqu'il baise l'Autel.

NOus vous prions, Seigneur, par les mérites des Saints dont les reliques sont ici, & de tous les Saints, de daigner me pardonner mes pechés. Amen.

ORámus te, Dómine, per mérita Sanctórum tuórum, quorum relíquiæ hîc sunt, & ómnium Sanctórum, ut indulgére dignéris ómnia peccáta mea. Amen.

BENEDICTION DE L'ENCENS.

Ab illo benedicáris, in cujus honóre cremáberis. Amen.

Daignez, ô Dieu, bénir cet encens, qui va brûler en votre honneur. Amen.

Après l'Introït, le Prêtre & les Assistans disent trois fois alternativement :

Kyrie, eléison.

Seigneur, ayez pitié de nous.

Christe, eléison.

Jesus, ayez pitié de nous.

Kyrie, eléison.

Seigneur, ayez pitié de nous.

GLória in excelsis Deo : Et in terra pax homínibus bonæ voluntátis. Laudámus te. Benedícimus te. Adorámus te. Glorificámus te. Grátias ágimus tibi propter magnam glóriam tuam : Dómine Deus, Rex cœlestis, Deus Pater omnípotens ; Dómine, Fili unigénite, Jesu Christe ; Dómine Deus, Agnus Dei, Filius Patris ; Qui tollis peccáta mundi, miserére nobis. Qui

GLoire à Dieu dans le Ciel : Et paix sur la terre aux hommes de bonne volonté. Nous vous louons. Nous vous bénissons. Nous vous adorons. Nous vous glorifions. Nous vous rendons graces dans la vûe de votre gloire infinie : Seigneur Dieu, souverain Roi du Ciel, ô Dieu, Pere tout-puissant ; Seigneur Jesus-Christ, Fils unique de Dieu ; Seigneur Dieu, Agneau de Dieu, Fils du Pere ; Vous qui effacez les pechés du monde, ayez pitié de nous. Vous qui effacez les pechés du monde, recevez notre humble priére.

Vous qui êtes assis à la droite du Pere, ayez pitié de nous. Car vous êtes le seul Saint, le seul Seigneur, le seul Très-haut, ô Jesus-Christ, avec le saint Esprit, dans la gloire de Dieu le Pere. Amen.

tollis peccáta mundi, súscipe deprecatiónem nostram. Qui sedes ad déxteram Patris, miserére nobis. Quóniam tu solus Sanctus; Tu solus Dóminus; Tu solus Altíssimus, Jesu Christe, cum sancto Spíritu, in glória Dei Patris. Amen.

℣. Le Seigneur soit avec vous, ℟. Et avec votre esprit.

℣. Dóminus vobíscum, ℟. Et cum spíritu tuo.

Le Prêtre récite la Collecte.

Avant l'Evangile, le Prêtre dit au milieu de l'Autel:

Purifiez mon cœur & mes lévres, Dieu tout-puissant, qui avez purifié les lévres du Prophéte Isaïe avec un charbon ardent: daignez par un effet de votre miséricorde envers moi, me purifier de telle sorte, que je puisse annoncer dignement votre saint Evangile; Par Jesus-Christ notre Seigneur.

Munda cor meum ac lábia mea, omnípotens Deus, qui lábia Isaíæ Prophétæ cálculo mundasti igníto: ita me tuâ gratâ miseratióne dignáre mundáre, ut sanctum Evangélium tuum digne váleam nuntiáre; Per Christum.

[*Le Diacre dit*: Jube, domne, benedícere.

Que le Seigneur soit dans votre cœur & sur vos lévres; afin que

Dóminus sit in corde tuo & in lábiis

tuis; ut dignè & competenter annúnties Evangélium suum.

vous annonciez dignement son saint Evangile. Amen.]

BENEDICTION DE L'ENCENS.

Ab illo benedicáris, in cujus honóre cremáberis. Amen.

Daignez, ô Dieu, bénir cet encens qui va brûler en votre honneur. Amen.

Après l'Evangile le Prêtre dit:

Per Evangélica dicta deleantur nostra delicta. Amen.

Que nos pechés soient effacés par les paroles du saint Evangile. Amen.

[S'il est Dimanche,

PRIERES DU PROSNE.

PSEAUME 122.

AD te levávi óculos meos, qui hábitas in cœlis.

JE léve les yeux vers vous, ô mon Dieu, qui habitez dans les cieux.

Ecce sicut óculi servórum in mánibus dominórum suórum:

Comme les serviteurs tiennent les yeux arrêtés sur les mains de leurs maitres:

Sicut óculi ancillæ in mánibus dóminæ suæ; ita óculi nostri ad Dóminum Deum nostrum, donec misereátur nostrî.

Et les servantes sur celles de leurs maitresses; ainsi nous tenons nos yeux arrêtés sur le Seigneur notre Dieu, jusqu'à ce qu'il ait pitié de nous.

Miserére nostrî, Dómine, miserére

Ayez pitié de nous, Seigneur, ayez pitié de

nous ; car nous sommes accablés d'injures & de mépris.

nostri ; quia multùm repléti sumus despectióne.

Il y a long-temps que notre ame en est accablée : elle est l'objet de la raillerie des heureux du siécle, & des insultes des superbes.

Quia multùm repléta est ánima nostra : oppróbrium abundántibus, & despéctio superbis.

Gloire au Pere, & au Fils, & au saint Esprit :

Glória Patri, & Filio, & Spiritui sancto :

Aujourd'hui, & toujours, comme dès le commencement, & dans tous les siécles des siécles.

Amen.

Sicut erat in princípio, & nunc, & semper, & in sécula seculórum. Amen.

Kyrie, eléison. Christe, eléison. Kyrie, eléison.

Pater noster, &c.

℣. Et ne nous abandonnez pas à la tentation ; ℟. Mais délivrez-nous du mal.

℣. Et ne nos indúcas in tentatiónem ; ℟. Sed líbera nos à malo.

℣. Sauvez vos serviteurs & vos servantes, ℟. Qui espérent en vous, ô mon Dieu.

℣. Salvos fac servos tuos & ancillas tuas, ℟. Deus meus, sperantes in te. *Ps.* 85.

℣. Soyez-nous, Seigneur, comme une forte tour, ℟. Contre les attaques de l'ennemi.

℣. Esto nobis, Dómine, turris fortitúdinis, ℟. A fácie inimici. *Ps.* 60.

℣. Fiat pax in virtúte tua, ℟. Et abundántia in túrribus tuis. *Pſ.* 121.

℣. Que la paix régne dans vos forteresses, ô cité sainte, ℣. Et l'abondance dans vos tours.

℣. Dómine, exaudi oratiónem meam ; ℟. Et clamor meus ad te véniat. *Pſ.* 101.

℣. Seigneur, daignez écouter ma priére ; ℟. Et que mes cris pénétrent jusqu'à vous.

℣. Dóminus vobiſcum, &c.

Orémus.

DEus, refúgium noſtrum & virtus : adeſto piis Eccléſiæ tuæ précibus, auctor ipſe pietátis ; & præſta ut quod fidéliter pétimus, efficáciter conſequámur ; Per Chriſtum Dóminum noſtrum.

℟. Amen.

Prions.

O Dieu, qui êtes notre aſyle & notre force : écoutez favorablement les priéres de votre Egliſe, vous qui lui inſpirez la piété même qui la porte à vous les offrir ; & daignez nous accorder par votre bonté ce que nous vous demandons avec foi ; Par Jeſus-Chriſt notre Seigneur.

℟. Amen.

PSEAUME 129.

DE profundis clamávi ad te, Dómine : Dómine, exaudi vocem meam.

DU fond de l'abyſme, Seigneur, je pouſſe des cris vers vous ; Seigneur, écoutez ma voix.

Fiant aures tuæ intendentes in vocem deprecatiónis meæ.

Que vos oreilles ſoient attentives à la voix de ma priére.

Si vous tenez un compte éxact des iniquités, ô mon Dieu; qui pourra, Seigneur, subsister devant vous?

Si iniquitátes observáveris, Dómine; Dómine, quis sustinébit?

Mais vous êtes plein de miséricorde; & j'espére en vous, Seigneur, à cause de votre loi.

Quia apud te propitiátio est; & propter legem tuam sustinui te, Dómine.

Mon ame attend l'effet de vos promesses: mon ame a mis toute sa confiance dans le Seigneur.

Sustínuit ánima mea in verbo ejus: sperávit ánima mea in Dómino.

Que depuis le matin jusqu'au soir Israel espére au Seigneur;

A custódia matutína usque ad noctem speret Israel in Dómino;

Car le Seigneur est rempli de bonté; & la rédemption qu'il nous a préparée, est abondante.

Quia apud Dóminum misericórdia, & copiósa apud eum redémptio.

C'est lui qui rachetera Israel de toutes ses iniquités.

Et ipse rédimet Israel ex ómnibus iniquitátibus ejus.

Donnez-leur, Seigneur, le repos éternel; & faites luire sur eux cette lumiére qui ne s'éteint jamais.

Réquiem æternam dona eis, Dómine; & lux perpétua lúceat eis.

℣. Qu'ils reposent en paix. ℟. Amen.

℣. Requiescant in pace. ℟. Amen.

℣. Dómine, exaudi. ℣. Dóminus vobiscum.

Orémus.

DEus, véniæ largitor, & humánæ salútis amátor: quæsumus cleméntiam tuam, ut nostræ congregatiónis fratres, propinquos & benefactóres, qui ex hoc sǽculo transiérunt, beatâ Maríâ semper Virgine intercedente cum ómnibus Sanctis tuis, ad perpétuæ beatitúdinis consórtium pervenire concédas; Per Christum Dóminum nostrum. ℟. Amen.

Prions.

O Dieu, qui pardonnez aux pécheurs, & qui aimez le salut des hommes: nous supplions votre miséricorde, par l'intercession de la bienheureuse Marie toujours Vierge, & de tous vos Saints, d'admettre à la participation de la béatitude éternelle nos freres, nos parens, & nos bienfaiteurs, qui sont sortis de ce monde; Par Jesus-Christ notre Seigneur. ℟. Amen.

CRedo in unum Deum, Patrem omnipotentem, factórem cœli & terræ, visibilium ómnium, & invisibílium. Et in unum Dóminum Jesum Christum, Filium Dei unigénitum; Et ex Patre natum ante ómnia

JE croi en un seul Dieu, le Pere tout-puissant, qui a fait le ciel & la terre, toutes les choses visibles & invisibles. Je croi en un seul Seigneur Jesus-Christ, Fils unique de Dieu; Qui est né du Pere avant tous les siécles: Dieu de Dieu, lumiére de lumiére vrai Dieu de vrai Dieu; Qui n'a pas été fait, mais engendré, consubstantiel au Pere; Par qui tout a été fait. Qui est descendu des cieux pour nous autres hommes & pour notre salut. Qui s'est incarné, en prenant un corps dans le sein de la Vierge Marie par l'opération du S. Esprit, & QUI S'EST FAIT HOMME. Qui a été crucifié pour nous; qui a souffert sous Ponce-Pilate, & qui a été mis dans le tombeau. Qui est ressuscité le troisiéme jour selon les Ecritures. Qui est monté au Ciel, où il est assis à la droite du Pere. Qui viendra de nouveau plein de gloire juger les vivans & les morts; Et dont le régne n'aura point de fin. Je croi au saint Esprit, qui est aussi Seigneur, & qui donne la vie; qui procéde du Pere & du Fils. Qui est adoré & glorifié conjointement avec le Pere & le Fils; qui a parlé par les Prophétes. Je croi l'Eglise qui est une, sainte, Catholique & Apostolique. Je confesse

sécula; Deum de Deo, lumen de lúmine, Deum verum de Deo vero; Génitum, non factum, consubstantiálem Patri; Per quem ómnia facta sunt. Qui propter nos hómines & propter nostram salútem descendit de cœlis. Et incarnátus est de Spíritu sancto ex María Vírgine; & HOMO FACTUS EST. Crucifixus étiam pro nobis, sub Póntio Piláto passus, & sepultus est. Et resurrexit tértiâ die secundùm Scriptúras. Et ascendit in cœlum, sedet ad déxteram Patris. Et iterùm ventúrus est cum glória judicáre vivos & mórtuos; cujus regni non erit finis. Et in Spíritum sanctum, Dóminum, & vivificantem; qui ex Patre Filioque procédit. Qui cum Patre & Filio simul adorátur, & conglorificátur; qui locútus est per Prophétas. Et unam, sanctam, Cathólicam & Apostólicam Ecclésiam. Confiteor unum Baptisma in remissiónem peccatórum. Et expecto resurrectiónem mortuórum, Et vitam ventúri séculi. Amen.

qu'il y a un Baptême pour la remission des pechés. J'attens la résurrection des morts, Et la vie du siécle à venir. Amen.

Le Prêtre lit l'Offertoire.

BENEDICTION DU PAIN.

Adjutórium nostrum in nómine Dñi, ℟. Qui fecit cœlum & terram.

Notre secours est dans le nom du Seigneur, ℟. Qui a fait le ciel & la terre. *Ps.* 123.

℣. Dóminus vobiscum, ℟. Et cum spíritu tuo.

℣. Le Seigneur soit avec vous, ℟. Et avec votre esprit.

Orémus.

Prions.

Domine Jesu Christe, panis Angelórum, panis vivus æternæ vitæ: benedícere dignáre panes istos, sicut benedixisti quinque panes in deserto; ut omnes ex eis gustantes, inde córporis &

Seigneur Jesus-Christ, qui êtes le pain des Anges, le pain vivant qui produit la vie éternelle: daignez bénir ces pains, comme vous bénites les cinq pains dans le desert; afin que tous ceux qui en mangeront, y trouvent la santé de l'ame & du corps: Accordez-nous cette grace, Seigneur, qui vivez & regnez dans la suite de tous les siécles.

℟. Amen.

animæ percípiant sanitátem; Qui vivis & regnas in sécula seculórum. ℟. Amen.

OBLATION DE L'HOSTIE.

Recevez, ô Pere saint, Dieu éternel & tout-puissant, cette hostie sans tache que je vous offre, tout indigne que je suis de ce ministére. Je vous l'offre, Seigneur, comme à mon Dieu vivant & véritable, pour mes pechés, mes offenses, & mes négligences qui sont sans nombre : je vous l'offre aussi pour tous les assistans, & même pour tous les fidéles Chrétiens vivans & morts; afin qu'elle serve à eux & à moi pour le salut éternel. Amen.

Suscipe, sancte Pater, omnípotens, æterne Deus, hanc immaculátam hóstiam, quam ego indignus fámulus tuus óffero tibi Deo meo vivo & vero, pro innumerabílibus peccátis & offensiónibus & negligéntiis meis, & pro ómnibus circumstántibus, sed & pro ómnibus fidélibus Christiánis vivis atque defunctis; ut mihi & illis profíciat ad salútem in vitam æternam. Amen.

Le Prêtre met le vin & l'eau dans le Calice, & dit :

O Dieu, qui par un effet admirable de votre puissance, avez créé l'homme dans un haut degré d'excellen-

Deus, qui humánæ substántiæ dignitátem mirabíliter condidisti, &

mirabiliùs reformaſti : da nobis per hujus aquæ & vini myſtérium, ejus divinitátis eſſe conſortes, qui humanitátis noſtræ fieri dignátus eſt párticeps, Jeſus Chriſtus Filius tuus, Dóminus noſter ; Qui tecum vivit & regnat in unitáte Spíritûs ſancti Deus, &c.

ce, & qui par un prodige de bonté encore plus ſurprenant avez daigné réparer cet ouvrage de vos mains après ſa chute : donnez-nous par le myſtére que ce mélange d'eau & de vin nous repréſente, la grace de participer à la divinité de Jeſus-Chriſt votre Fils qui a bien voulu ſe revêtir de notre humanité ; Lui qui étant Dieu vit & regne, &c.

OBLATION DU CALICE.

OFférimus tibi, Dómine, Cálicem ſalutáris, tuam deprecantes cleméntiam, ut in conſpectu divínæ Majeſtátis tuæ, pro noſtra & totíus mundi ſalúte, cum odóre ſuavitátis aſcendat. Amen.

NOus vous offrons, Seigneur, le Calice du ſalut, en conjurant votre bonté de le faire monter comme un parfum d'une agréable odeur juſqu'au thrône de votre divine Majeſté, pour notre ſalut & celui de tout le monde. Amen.

IN ſpíritu humilitátis, & in ánimo contríto ſuſcipiámur à te, Dómine : & ſic fiat ſacrificium noſtrum in conſpectu

NOus nous préſentons devant vous, Seigneur, avec un eſprit humilié & un cœur contrit : recevez-nous, & faites que notre ſacrifice s'accompliſſe aujourd'hui devant vous d'une maniére qui vous le rende agréable, ô Seigneur notre Dieu.

tuo hódie, ut pláceat tibi, Dómine Deus.

VEnez, Sanctificateur tout-puissant, Dieu éternel ; & bénissez ce sacrifice destiné pour rendre gloire à votre saint nom.

VEni, Sanctificátor omnípotens, æterne Deus ; & bénedic hoc sacrifícium tuo sancto nómini præparátum.

BENEDICTION DE L'ENCENS.

Le Célébrant bénit l'Encens, en disant :

QUe par l'intercession du bienheureux Archange qui est debout à la droite de l'autel des parfums, & par la priére de tous ses élûs, le Seigneur daigne bénir cet encens, & le recevoir comme un parfum d'une odeur agréable ; Par Jesus-Christ notre Seigneur.

PEr intercessiónem beáti Archángeli stantis à dextris altáris incensi, & ómnium electórum suórum, dignétur Dóminus incensum istud benedícere, & in odórem suavitátis accípere ; Per.

Le Célébrant encense le pain & le vin offerts, & dit :

Que cet encens que vous avez béni, monte vers vous, Seigneur ; & que votre miséricorde descende sur nous.

Incensum istud à te benedictum ascendat ad te, Dñe ; & descendat super nos misericórdia tua.

Il encense l'Autel, en disant du Ps. 140.

Que ma priére, Sei-

Dirigátur, Dómine, orátio mea ſicut incenſum in conſpectu tuo : elevátio mánuum meárum ſacrifícium veſpertínum. Pone, Dómine, cuſtódiam ori meo, & óſtium circumſtántiæ lábiis meis. Non declínes cor meum in verba malítiæ, ad excuſándas excuſatiónes in peccátis.

gneur, s'éléve vers vous comme la fumée de l'encens : que l'élévation de mes mains vous ſoit agréable comme le ſacrifice du ſoir. Mettez, Seigneur, une garde à ma bouche, & une porte à mes lévres. Ne permettez point que mon cœur ſe laiſſe aller à des paroles de malice, pour chercher des excuſes à mes pechés.

Rendant l'Encenſoir au Diacre, il dit :

Accendat in nobis Dóminus ignem ſui amóris, & flammam ætérnæ caritátis.

Que le Seigneur allume en nous le feu de ſon amour, & qu'il nous enflamme d'une charité éternelle. Amen.

Le Prêtre lave ſes doigts, en diſant du Pſ. 25.

LAvábo inter innocentes manus meas, & circúmdabo altáre tuum, Dómine ; ut áudiam vocem laudis, & enarrem univerſa mirabília tua. Dómine, dilexi decórem domûs tuæ, & locum

JE laverai mes mains avec les juſtes, & je m'approcherai de votre autel, Seigneur ; afin d'entendre publier vos louanges, & de raconter moi-même toutes vos merveilles. J'aime la beauté de votre maiſon, Seigneur, & le lieu où réſide votre gloire. O Dieu, ne me confondez pas avec les impies, & ne me traitez pas comme les homicides. Leurs mains sont accoûtumées à l'injustice, & ils se laissent séduire par les présens. Pour moi, j'ai marché dans l'innocence : rachetez-moi donc, Seigneur, & prenez pitié de moi. Mes pieds se sont arrêtés dans la voie de la justice : je vous bénirai, Seigneur, dans les assemblées des fidéles. Gloire au Pere, & au Fils, & au saint Esprit : à présent & toujours, comme dès le commencement & dans tous les siécles des siécles.

Amen.

habitatiónis glóriæ tuæ. Ne perdas cum ímpiis, Deus, ánimam meam, & cum viris sánguinum vitam meam, in quorum mánibus iniquitátes sunt : déxtera eórum repléta est munéribus. Ego autem in innocéntia mea ingressus sum : rédime me, & miserére meî. Pes meus stetit in directo : in ecclésiis benedícam te, Dómine. Glória Patri, & Filio, & Spirítui sancto : sicut erat in princípio, & nunc, & semper, & in sécula seculórum. Amen.

Le Prêtre s'incline au milieu de l'Autel, & dit :

RECevez, ô Trinité sainte, l'oblation que nous vous présentons en mémoire de la Passion, de la Résurrection, & de l'Ascension de Jesus-Christ notre Seigneur ; & en l'honneur de la bienheureuse Marie toujours Vierge, de saint Jean-Baptiste,

SUscipe, sancta Trínitas, hanc oblatiónem, quam tibi offérimus ob memóriam Passiónis, Resurrectiónis, & Ascensiónis Jesu Christi Dómini nostri ; & in honórem beátæ Maríæ semper Vírginis, & beáti Joannis Baptistæ, & sanctórum Apostolórum Petri & Pauli, & istórum, & ómnium Sanctórum; ut illis profíciat ad honórem, nobis autem ad salútem; & illi pro nobis intercédere dignentur in cœlis, quorum memóriam ágimus in terris; Per eumdem Christum Dóminum nostrum.

des Apôtres saint Pierre & saint Paul, de ces Saints, & de tous les autres Saints; afin qu'ils y trouvent leur gloire, & nous notre salut; & que ceux dont nous honorons la mémoire sur la terre, daignent intercéder pour nous dans le Ciel: Par le même Jesus-Christ notre Seigneur. Amen.

Il se tourne vers les assistans, & dit:

ORate, fratres, ut meum ac vestrum sacrifícium acceptábile fiat apud Deum Patrem omnipotentem.

PRiez, mes freres, que mon sacrifice, qui est aussi le vôtre, soit favorablement reçu de Dieu le Pere tout-puissant.

℟. Suscípiat Dóminus sacrifícium de mánibus tuis, ad laudem & glóriam nóminis sui, ad utilitátem quoque nostram, totiusque Ecclésiæ suæ sanctæ.

℟. Que le Seigneur reçoive par vos mains ce sacrifice, pour l'honneur & la gloire de son nom, pour notre utilité particuliére, & pour le bien de toute son Eglise sainte.

Le Célébrant récite la Secrète, qu'il finit ainsi :

Dans tous les siécles des siécles.

℟. Amen.

Le Seigneur soit avec vous,

℟. Et avec votre esprit.

Elevez vos cœurs.

℟. Nous les tenons élevés vers le Seigneur.

Rendons graces au Seigneur notre Dieu.

℟. Il est juste & raisonnable de le faire.

Per ómnia sécula seculórum.

℟. Amen.

Dóminus vobiscum,

℟. Et cum spíritu tuo.

Sursum corda.

℟. Habémus ad Dóminum.

Grátias agámus Dómino Deo nostro.

℟. Dignum & justum est.

La Preface est au Propre.

Saint, Saint, Saint est le Seigneur le Dieu des armées. Votre gloire remplit les cieux & la terre. Hosanna au plus haut des cieux. Béni soit celui qui vient au nom du Seigneur. Hosanna à celui qui habite au plus haut des cieux.

Sanctus, Sanctus, Sanctus Dóminus Deus sábaoth. Pleni sunt cœli & terra glóriâ tuâ. Hosanna in excelsis. Benedictus qui venit in nómine Dómini. Hosanna in excelsis.

LE CANON DE LA MESSE.

Nous vous supplions donc, Pere très-miséricordieux, & nous vous conjurons par notre Seigneur Jesus-Christ

Te ígitur, clementissime Pater, per Jesum Christum Filium tuum

Dóminum nostrum, súpplices rogámus ac pétimus, uti accepta hábeas, & benedícas hæc dona, hæc múnera, hæc sancta sacrificia illibáta, in primis quæ tibi offérimus pro Ecclésia tua sancta cathólica, quam pacificáre, custodíre, adunáre, & régere dignéris toto orbe terrárum, unà cum fámulo tuo Papa nostro *N.* & Antístite nostro *N.* & Rege nostro *N.* & ómnibus orthodoxis, atque cathólicæ & Apostólicæ fidei cultóribus.

votre Fils, d'agréer & de bénir ces dons, ces offrandes, ces sacrifices purs & sans tache, que nous vous offrons pour votre sainte Eglise catholique ; afin qu'il vous plaise lui donner la paix, de la conserver, de la maintenir dans l'union, & de la gouverner par toute la terre, & avec elle votre serviteur *N.* notre Pape, notre Evêque *N.* & notre Roi *N.* enfin tous ceux qui sont orthodoxes, & qui font profession de la foi catholique & Apostolique.

MÉMOIRE DES VIVANS.

MEmento, Dómine, famulórum famularúmque tuárum N. & N.

SOuvenez-vous, Seigneur, de vos serviteurs & de vos servantes N. & N.

Ici on fait mémoire de ceux pour qui on veut prier.

& ómnium circumstántium, quorum tibi fides cógnita est & nota devótio; pro

& de tous ceux qui sont ici présens, dont vous connoissez la foi & la piété, pour qui nous vous offrons ce sacrifice de louange, ou qui vous l'offrent, tant pour eux-mêmes, que pour ceux qui leur appartiennent, pour la rédemption de leurs ames, pour l'espérance de leur salut & de leur conservation, & pour vous rendre leurs hommages comme au Dieu éternel, vivant & véritable.

quibus tibi offérimus, vel qui tibi ófferunt hoc sacrificium laudis, pro se suisque ómnibus, pro redemptióne animárum suárum, pro spe salútis & incolumitátis suæ, tibique reddunt vota sua æterno Deo, vivo & vero.

ETant unis de communion avec tous vos Saints, nous honorons la mémoire, premiérement de la glorieuse Vierge Marie, mere de Dieu Jesus-Christ notre Seigneur, & de vos bienheureux Apôtres & Martyrs, Pierre, Paul, André, Jacques, Jean, Thomas, Jacques, Philippe, Barthélemi, Matthieu, Simon & Thaddée, Lin, Clet, Clément, Xyste, Corneille, Cyprien, Laurent, Chrysogone, Jean & Paul, Côme & Damien, & de tous vos Saints; par les mérites & les priéres desquels

COmmunicantes, & memóriam venerantes, in primis gloriósæ semper Vírginis Maríæ, genitrícis Dei & Dómini nostri Jesu Christi; sed & beatórum Apostolórum ac Mártyrum tuórum, Petri & Pauli, Andréæ, Jacóbi, Joannis, Thomæ, Jacóbi, Philippi, Bartholomæi, Matthæi, Simónis & Thaddæi, Lini, Cleti, Clementis, Xyſti, Cornélii, Cypriáni, Lauréntii, Chryſógoni, Joannis & Pauli, Coſmæ & Damiáni, & ómnium Sanctórum tuórum, quorum méritis precibuſque concédas, ut in ómnibus protectiónis tuæ muniámur auxílio; Per eumdem Chriſtum Dóminum noſtrum. Amen.

nous vous ſupplions de nous accorder en toutes choſes le ſecours de votre protection : C'eſt ce que nous vous demandons par le même Jeſus-Chriſt notre Seigneur.

Amen.

HAnc ígitur oblatiónem ſervitútis noſtræ, ſed & cunctæ famíliæ tuæ, quæſumus, Dómine, ut placátus accípias, dieſque noſtros in tua pace diſpónas, atque ab æterna damnatióne nos éripi, & in electórum tuórum júbeas grege numerári; Per Chriſtum. Amen.

NOus vous prions donc, Seigneur, de recevoir favorablement l'hommage que nous vous rendons par cette oblation, qui eſt auſſi celle de toute votre Egliſe : accordez-nous pendant les jours de cette vie mortelle la paix qui vient de vous; préſervez-nous de la damnation éternelle, & mettez-nous au nombre de vos élûs, Par J. C. N. S. Amen.

QUam oblatiónem tu, Deus, in ómnibus, quæſumus, benedictam, adſcriptam, ratam, rationábilem, acce-

NOus vous prions, ô Dieu, de bénir cette oblation, de la mettre au nombre de celles que vous approuvez, de l'agréer, d'en faire un ſacrifice digne d'être

d'être reçu de vous, & par lequel nous vous rendions un culte raisonnable & spirituel; ensorte qu'elle devienne pour nous le Corps & le Sang de votre Fils bien-aimé Jesus-Christ notre Seigneur, qui la veille de sa passion prit du pain dans ses mains saintes & vénérables; & levant les yeux au ciel vers vous, ô Dieu son Pere tout-puissant, vous rendit graces, & bénit ce pain, le rompit, & le donna à ses disciples, en disant: Prenez & mangez-en tous: Car ceci est mon Corps.

ptabilemque fácere dignéris; ut nobis Corpus & Sanguis fiat dilectíssimi Fílii tui Dómini nostri Jesu Christi; qui prídiè quàm paterétur, accépit panem in sanctas ac venerábiles manus suas; & elevátis óculis in cœlum ad te Deum Patrem suum omnipotentem, tibi grátias agens, benedixit, fregit, deditque discípulis suis, dicens: Accípite, & manducáte ex hoc omnes: Hoc est enim Corpus meum.

De même, après qu'il eut soupé, prenant ce précieux calice entre ses mains saintes & vénérables, il vous rendit graces, le bénit, & le

Simili modo, postquàm cœnátum est, accípiens & hunc præclárum cálicem in sanctas ac vene-

O Victime du salut, qui nous ouvrez le Ciel: l'ennemi nous livre de rudes combats, fortifiez-nous contre ses attaques.

O Salutaris Hostia,
Quæ cœli pandis ostium:
Bella premunt hostilia,
Da robur, fer auxilium.

rábiles manus suas; ítem tibi grátias agens, benedixit, deditque discípulis suis, dicens: Accípite, & bíbite ex eo omnes: Hic est enim calix Sánguinis mei, novi & æterni testamenti, (mystérium fidei) qui pro vobis & pro multis effundétur in remissiónem peccatórum. Hæc quotiescumque fecéritis, in meî memoriam faciétis.

donna à ses disciples, en disant: Prenez & bûvez-en tous: Car ceci est le calice de mon Sang, le Sang de la nouvelle & éternelle alliance, (mystére de foi) qui sera répandu pour vous & pour plusieurs en remission des pechés. Toutes les fois que vous ferez ces choses, vous les ferez en mémoire de moi.

Unde & mémores, Dómine, nos servi tui, sed & plebs tua sancta, ejusdem Christi Filii tui Dómini nostri tam beátæ Passiónis, necnon & ab ínferis Resurrectiónis, sed & in cœlos gloriósæ Ascensiónis, offérimus præcláræ Majestáti tuæ de tuis donis ac datis Hóstiam puram, Hóstiam san-

C'est pour cela, Seigneur, que nous qui sommes vos serviteurs, & avec nous votre peuple saint, faisant mémoire de la Passion de votre Fils Jesus-Christ notre Seigneur, de sa Résurrection en sortant du tombeau, victorieux de l'enfer, & de sa glorieuse Ascension au ciel, nous offrons à votre incomparable Majesté ce qui est le don même que nous avons reçu de vous, l'Hostie pure, l'Hostie sainte, l'Hostie sans tache, le pain sacré de la vie qui n'aura point de fin, & le Calice du salut éternel.

ctam, Hóstiam immaculátam, Panem sanctum vitæ ætérnæ, & Cálicem salútis perpétuæ.

Daignez, Seigneur, regarder d'un œil favorable l'oblation que nous vous faisons de ce saint Sacrifice, de cette Hostie sans tache : daignez l'agréer, comme il vous a plû agréer les présens du juste Abel votre serviteur, le sacrifice de notre Patriarche Abraham, & celui de votre Grand-Prêtre Melchisédech.

Supra quæ propítio ac seréno vultu respícere dignéris, & accepta habére, sícuti accepta habére dignátus es múnera púeri tui justi Abel, & sacrificiũ Patriarchæ nostri Abrahæ, & quod tibi óbtulit summus Sacerdos tuus Melchísedech, sanctũ sacrificium, immaculátam Hóstiam.

Nous vous supplions, ô Dieu tout-puissant, de commander que ces dons soient portés par les mains de votre saint Ange sur votre autel sublime, en présence de votre divine Majesté ; afin que tout ce que nous sommes ici, qui participant à cet autel, aurons reçu le corps & le sang de votre Fils, nous soyons remplis de

Súpplices te rogámus, omnípotens Deus, jube hæc perferri per manus sancti Angeli tui in sublíme altáre tuum, in conspectu divínæ Majestátis tuæ ; ut quotquot ex hac altáris participatióne, sacro-sanctum Filii tui corpus & sánguiguinem sumpsérimus, omni benedictióne cœlesti & grátiâ repleámur; Per eumdem Christum Dóminum nostrum. Amen.

toutes les bénédictions & de toutes les graces du Ciel; Par le même Jesus-Christ notre Seigneur. Amen.

Memoire des Morts.

MEmento étiam, Dómine, famulórum famularumque tuárum N. N. qui nos præcessérunt cum signo fidei, & dórmiunt in somno pacis.

SOuvenez-vous aussi, Seigneur, de vos serviteurs & de vos servantes, qui marqués au sceau de la foi, ont fini leur vie mortelle avant nous, pour s'endormir du sommeil de paix.

Ici on fait mémoire de ceux pour qui on veut prier.

Ipsis, Dómine, & ómnibus in Christo quiescéntibus locum refrigérii, lucis & pacis, ut indúlgeas deprecámur; Per eumdem Christum Dóminum nostrum. Amen.

Nous vous supplions, Seigneur, de leur accorder par votre miséricorde, à eux & à tous ceux qui reposent en Jesus-Christ, le lieu du rafraîchissement, de la lumiére & de la paix; Par le même Jesus-Christ notre Seigneur. Amen.

Le Prêtre frape sa poitrine, en disant:

NObis quoque peccatóribus, fámulis tuis, de multitúdine miseratió-

POur nous pécheurs, qui sommes vos serviteurs, & qui espérons en votre grande miséricorde, daignez aussi nous donner part au céleste héritage avec vos saints Apôtres & Martyrs, avec Jean, Estienne, Matthias, Barnabé, Ignace, Aléxandre, Marcellin, Pierre, Félicité, Perpétue, Agathe, Luce, Agnès, Cécile, Anastasie, & avec tous vos Saints : daignez nous admettre en leur sainte société, non en consultant nos mérites, mais en usant d'indulgence à notre égard ; Par Jesus-Christ notre Seigneur, par lequel vous produisez toujours, Seigneur, vous sanctifiez, vous vivifiez, vous bénissez, & vous nous donnez tous ces biens. Que par lui, avec lui, & en lui, tout honneur & toute gloire vous soient rendus, ô Dieu Pere tout-puissant, en l'unité du saint Esprit, dans tous les siécles des siécles.

℟. Amen.

num tuárum sperántibus, partem áliquam & societátem donáre dignéris cum tuis sanctis Apóstolis & Martyribus, cum Joanne, Stéphano, Matthía, Bárnaba, Ignátio, Alexandro, Marcellíno, Petro, Felicitáte, Perpétua, Agatha, Lúcia, Agnéte, Cæcília, Anastásia, & ómnibus Sanctis tuis : intrà quorum nos consórtium, non æstimátor mériti, sed véniæ, quæsumus, largitor admitte ; Per Christum Dóminum nostrum, per quem hæc ómnia, Dñe, semper bona creas, sanctíficas, vivíficas, benedícis, & præstas nobis. Per ipsum, & cum ipso, & in ipso est tibi Deo Patri omnipotenti, in unitáte Spiritûs sancti, omnis honor & glória ; Per ómnia sæcula seculórum. ℟. Amen.

Orémus.

PRæceptis salutáribus móniti, & divinâ institutióne formáti, audémus dicere :

PAter noster, qui es in cœlis; Sanctificétur nomen tuum : Advéniat regnum tuum : Fiat voluntas tua, sicut in cœlo & in terra : Panem nostrum quotidiánum da nobis hódie : Et dimitte nobis débita nostra, sicut & nos dimíttimus debitóribus nostris : Et ne nos indúcas in tentatiónem ;

℟. Sed líbera nos à malo. Amen.

LIbera nos, quæsumus, Dómine, ab ómnibus malis prætéritis, præséntibus & futúris : & intercedente beátâ & gloriósâ semper Vírgine Dei genitrice

Prions.

AVertis par le commandement salutaire de J. C. & conformément à l'instruction sainte qu'il nous a laissée, nous osons dire :

NOtre Pere, qui êtes dans les cieux; Que votre nom soit sanctifié : Que votre régne arrive : Que votre volonté soit faite sur la terre comme dans le ciel : Donnez-nous aujourd'hui notre pain de chaque jour : Et pardonnez-nous nos offenses, comme nous pardonnons à ceux qui nous ont offensés : Et ne nous abandonnez point à la tentation ;

℟. Mais délivrez-nous du mal. Amen.

DElivrez-nous, s'il vous plait, Seigneur, de tous les maux passés, présens & à venir : & par l'intercession de la bienheureuse Mere de Dieu, toujours Vierge, & de vos bienheureux Apôtres Pierre,

Paul, André, & de tous vos Saints, daignez nous faire jouir de la paix pendant le cours de notre vie mortelle; afin qu'étant assistés du secours de votre miséricorde, nous ne soyons jamais assujettis au peché, ni agités par aucun trouble: Nous vous en prions par le même Jesus-Christ votre Fils notre Seigneur, qui étant Dieu vit & regne avec vous en l'unité du saint Esprit, Dans tous les siécles des siécles.

℟. Amen.

Mariâ, cum beátis Apóstolis tuis Petro & Paulo, atque Andréâ, & ómnibus Sanctis, da propítius pacem in diebus nostris; ut ope misericórdiæ tuæ adjúti, & à peccáto simus semper líberi, & ab omni perturbatióne secúri; Per eumdem Dóminum nostrum Jesum Christum Fílium tuum, qui tecum vivit & regnat in unitáte Spiritûs sancti Deus; Per ómnia sécula seculórum.

℟. Amen.

Que la paix du Seigneur soit toujours avec vous, ℟. Et avec votre esprit.

Pax Dómini sit semper vobíscum, ℟. Et cum spíritu tuo.

Que ce mélange & cette consécration du Corps & du Sang de notre Seigneur Jesus-Christ, que nous allons recevoir, nous procure la vie éternelle. Amen.

Hæc commíxtio & consecrátio Córporis & Sánguinis Dómini nostri Jesu Christi fiat accipiéntibus nobis in vitam ætérnam. Amen.

AGnus Dei, qui tollis peccáta mundi, miserére nobis.

Agnus Dei, qui tollis peccáta mundi, miserére nobis.

Agnus Dei, qui tollis peccáta mundi, dona nobis pacem.

DOmine Jesu Christe, qui dixisti Apóstolis tuis: Pacem relinquo vobis, pacem meam do vobis; ne respícias peccáta mea, sed fidem Ecclésiæ tuæ: eamque secundùm voluntátem tuam pacificáre & coadunáre dignéris; Qui vivis, &c.

DOmine Jesu Christe, Fili Dei vivi, qui ex voluntáte Patris, cooperante Spíritu sancto, per mortem tuam mundum vivi-

AGneau de Dieu, qui effacez les pechés du monde, ayez pitié de nous.

Agneau de Dieu, qui effacez les pechés du monde, ayez pitié de nous.

Agneau de Dieu, qui effacez les pechés du monde, donnez-nous la paix.

SEigneur Jesus-Christ, qui avez dit à vos Apôtres: Je vous laisse la paix, je vous donne ma paix; n'ayez pas d'égard à mes pechés, mais à la foi de votre Eglise: & donnez-lui la paix & l'union dont vous voulez qu'elle jouisse; Vous qui étant Dieu vivez & regnez dans tous les siécles des siécles. Amen.

SEigneur Jesus-Christ, Fils du Dieu vivant, qui par la volonté du Pere & la coopération du saint Esprit, avez donné la vie aux hommes en mourant pour eux; délivrez-moi par votre saint Corps & votre précieux Sang ici présens, de tous mes pechés & de tous les autres maux : faites, s'il vous plait, que je m'attache toujours inviolablement à votre loi ; & ne permettez pas que je me sépare jamais de vous ; Qui étant Dieu vivez & regnez avec Dieu le Pere & le saint Esprit, dans tous les siécles des siécles.

Amen.

ficasti : líbera me per hoc sacro-sanctum Corpus & Sánguinem tuum, ab ómnibus iniquitátibus meis & universis malis ; & fac me tuis semper inhærére mandátis, & à te nunquam separári permittas ; Qui cum eódem Deo Patre & Spíritu sancto vivis & regnas, &c.

JEsus-Christ mon Seigneur, que la participation de votre Corps que j'ose recevoir, tout indigne que j'en suis, ne tourne point à mon jugement & à ma condamnation ; mais que par votre bonté elle serve à la défense de mon corps & de mon ame, & qu'elle soit le remede de tous mes maux : Accordez-moi cette grace, Seigneur, qui étant Dieu vivez & regnez avec Dieu le Pere en l'unité du saint Esprit, &c.

PErcéptio Córporis tui, Dómine Jesu Christe, quod ego indignus súmere præsúmo, non mihi provéniat in judícium & condemnatiónem ; sed pro tua pietáte prosit mihi ad tutamentum mentis & córporis, & ad medélam percipiendam ; Qui vivis & regnas cum Deo Patre in unitáte Spíritûs sancti Deus, &c.

Je prendrai le pain cé-

Panem cœlestem

accipiam, & nomen Dómini invocábo.

leste, & j'invoquerai le nom du Seigneur.

Le Prêtre tenant l'Hostie entre ses mains, dit trois fois :

Dómine, non sum dignus ut intres sub tectum meum : sed tantùm dic verbo, & sanábitur ánima mea.

Seigneur, je ne suis pas digne de vous recevoir dans ma maison : mais dites seulement une parole, & mon ame sera guérie.

Corpus Dómini nostri Jesu Christi custódiat ánimam meam in vitam æternam.

Que le Corps de notre Seigneur Jesus-Christ garde mon ame pour la vie éternelle. Amen.

QUid retríbuam Dómino, pro ómnibus quæ retríbuit mihi ? Cálicem salutáris accípiam, & nomen Dómini invocábo : laudans invocábo Dóminum, & ab inimícis meis salvus ero.

QUe rendrai-je au Seigneur, pour toutes les graces qu'il m'a faites ? Je prendrai le calice du salut, & j'invoquerai le nom du Seigneur en chantant ses louanges ; & je serai délivré de mes ennemis.

Sanguis Dómini nostri Jesu Christi custódiat ánimam meam in vitam æternam.

Que le Sang de notre Seigneur Jesus-Christ garde mon ame pour la vie éternelle. Amen.

QUod ore súmpsimus, Dómine, purâ mente capiámus ; & de múnere

FAites, Seigneur, que nous conservions dans un cœur pur le Sacrement que notre bouche a reçu ; & que le don qui nous est fait dans le temps, nous soit un reméde pour l'éternité.

temporáli fiat nobis remédium sempitérnum.

Que votre Corps que j'ai reçu, Seigneur, & que votre Sang que j'ai bû, s'attache à mes entrailles : faites qu'après avoir été nourri par des Sacremens si purs & si saints, il ne demeure en moi aucune souillure du peché : Accordez-moi cette grace, Seigneur, qui vivez & regnez dans tous les siécles des siécles. Amen.

Corpus tuum, Dómine, quod sumpsi, & Sanguis quem potávi, adhæreat viscéribus meis : & præsta ut in me non remáneat scélerum mácula, quem pura & sancta refecérunt Sacramenta; Qui vivis & regnas in sécula seculórum. Amen.

Après la Postcommunion, le Prêtre dit :

Le Seigneur soit avec vous, ℟. Et avec votre esprit.

Dóminus vobiscum, ℟. Et cum spíritu tuo.

Ensuite il congédie l'assemblée, en disant :

Allez, la Messe est dite.

℟. Rendons graces à Dieu.

Ite, Missa est.

℟. Deo grátias.

RECevez favorablement, ô Trinité sainte, l'hommage & l'aveu de ma parfaite dépendance : daignez agréer le Sacrifice que j'ai offert à votre divine Majesté, tout indigne que j'en suis : faites, par votre bonté, qu'il m'obtienne

PLáceat tibi, sancta Trínitas, obséquium servitútis meæ; & præsta ut Sacrifícium quod óculis tuæ Majestátis indignus óbtuli, tibi sit acceptábile, mihique & ómnibus pro quibus illud óbtuli, sit, te miserante, propitiábile; Per Christum.

Benedícat vos omnípotens Deus, Pater, & Filius, & Spíritus sanctus.

℟. Amen.

℣. Dóminus vobíscum, ℟. Et cum spíritu tuo.

miséricorde, & à tous ceux pour qui je l'ai offert; Par Jesus-Christ notre Seigneur.

℟. Amen.

Que Dieu tout-puissant, le Pere, le Fils, & le saint Esprit, vous bénisse.

℟. Amen.

℣. Le Seigneur soit avec vous, ℟. Et avec votre esprit.

Commencement du saint Evangile selon S. Jean.

IN princípio erat Verbum, & Verbum erat apud Deum, & Deus erat Verbum. Hoc erat in princípio apud Deũ. Omnia per ipsum facta sunt; & sine ipso factum est nihil quod factum est. In ipso vita erat, & vita erat lux hóminum: & lux in ténebris lucet, & ténebræ eam non comprehendérúnt. Fuit homo missus à Deo, cui nomen erat Joannes.

AU commencement étoit le Verbe, & le Verbe étoit en Dieu, & le Verbe étoit Dieu. Il étoit dès le commencement en Dieu. Toutes choses ont été faites par lui: & rien de ce qui a été fait, n'a été fait sans lui. Dans lui étoit la vie, & la vie étoit la lumiére des hommes: & la lumiére luit dans les ténébres, & les ténébres ne l'ont point comprise. Il y eut un homme envoyé de Dieu, qui s'appelloit Jean. Il vint pour rendre témoignage à la lumiére, afin que tous crussent par lui. Il n'étoit pas la lumiére; mais il vint pour rendre témoignage à celui qui est la lumiére. C'étoit la vraie lumiére qui éclaire tout homme venant en ce monde. Il étoit dans le monde, & le monde a été fait par lui ; & le monde ne l'a point connu. Il est venu chez soi, & les siens ne l'ont point reçu. Mais il a donné à tous ceux qui l'ont reçu, le pouvoir d'être faits enfans de Dieu, à ceux qui croient en son nom ; qui ne sont pas nés du sang ni des desirs de la chair, ni de la volonté de l'homme, mais de Dieu même. ET LE VERBE S'EST FAIT CHAIR, & il a habité parmi nous, plein de grace & de vérité : & nous avons vû sa gloire, qui est la gloire du Fils unique du Pere. ℟. Rendons graces à Dieu.

Hic venit in testimónium, ut testimónium perhibéret de lúmine ; ut omnes créderent per illum. Non erat ille lux, sed ut testimónium perhibéret de lúmine. Erat lux vera quæ illúminat omnem hóminem venientem in hunc mundum. In mundo erat, & mundus per ipsum factus est ; & mundus eum non cognóvit. In própria venit, & sui eum non recepérunt. Quotquot autem recepérunt eum, dedit eis potestátem filios Dei fieri, his qui credunt in nómine ejus ; qui non ex sanguínibus, neque ex voluntáte carnis, neque ex voluntáte viri, sed ex Deo nati sunt. ET VERBUM CARO FACTUM EST, & habitávit in nobis (& vídimus glóriam ejus, glóriam quasi Unigéniti à Patre) plenum grátiæ & veritátis. ℟. Deo grátias.

ABSOLUTIONS ET BENEDICTIONS,

Qui se disent avant les Leçons.

AU I. NOCTURNE.

ABSOLUTION. 2. *Mach.* 1.

[Elle se dit le Lundi & le Jeudi dans les Octaves.]

ADapériat Deus cor nostrum in lege sua & in præceptis suis, & det nobis cor ómnibus, ut colámus eum. ℟. Amen.

QUe Dieu ouvre notre cœur à sa loi & à ses préceptes; & qu'il nous donne à tous un cœur docile, afin que nous l'adorions. ℟. Amen.

BENEDICTIONS.

1. Deus Dómini nostri Jesu Christi, Pater glóriæ, det nobis spíritum sapiéntiæ. *Ephes.* 1.

1. Que le Dieu de gloire, le Pere de notre Seigneur Jesus-Christ nous donne l'esprit de sagesse & d'intelligence.

On répond Amen. *à la fin de chaque Bénédiction.*

2. Filius Dei det nobis sensum; ut cognoscámus verum Deum. 1. *Jean,* 5.

2. Que le Fils de Dieu nous donne l'intelligence; afin que nous connoissions le vrai Dieu.

3. Spíritus veritátis dóceat nos omnem veritátem. *Jean,* 16.

3. Que l'Esprit de vérité nous enseigne toute vérité.

AU II. NOCTURNE.

Absolution. 3. *Rois*, 8.

[*Elle se dit le Mardi & le Vendredi dans les Octaves.*]

QUe notre Dieu incline nos cœurs vers lui; afin que nous gardions ses commandemens.
℟. Amen.

DEus noster inclínet corda nostra ad se; ut custodiámus mandáta ejus. ℟. Amen.

Benedictions.

4. Que Dieu éclaire les yeux de notre cœur; afin que nous sçachions quelle est l'espérance à laquelle il nous a appellés, & quelle est la gloire de l'héritage qu'il a préparée aux Saints.

4. Deus det nobis illumináros óculos cordis; ut sciámus quæ sit spes vocatiónis ejus in Sanctis. *Ephes.* 1.

5. Que celui qui nous a arrachés de la puissance des ténébres, nous rende dignes d'avoir part à l'héritage des Saints.

5. Dignos nos fáciat in partem sortis Sanctórum, qui erípuit nos de potestáte tenebrárum. *Coloss.* 1.

6. Ouvrons les yeux à la lumiére, & sortons des ténébres; afin d'avoir part à l'héritage des Saints.

6. Aperiantur óculi nostri, ut convertámur à ténebris ad lucem, & accipiámus sortem inter Sanctos. *Act.* 29.

AU III. NOCTURNE.

ABSOLUTION. 2. *Mach.* 1.

[*Elle se dit le Mercredi & le Samedi dans les Octaves.*]

DEus meminerit testamenti sui quod locútus est, & exáudiat oratiónes nostras. ℟. Amen.

QUe Dieu se souvienne de l'alliance qu'il a contractée avec son peuple, & qu'il éxauce nos priéres.

℟. Amen.

BENEDICTIONS.

7. Detur nobis sermo in apertióne oris nostri cum fidúcia notum facere mystérium Evangélii. *Eph.* 6.

7. Que Dieu nous ouvre la bouche, & qu'il nous donne des paroles pour annoncer librement le mystére de l'Evangile.

8. Occurrámus omnes in unitátem fidei, & agnitiónis Filii Dei; ut non circumferámur omni vento doctrinæ. *Ephes* 3.

8. Efforçons-nous de parvenir tous à l'unité de la foi, & de la connoissance du Fils du Dieu; afin que nous ne nous laissions pas emporter à tous les vents des opinions humaines.

9. Deus spei repleat nos omni gáudio & pace in credendo, ut abundémus in spe & virtúte Spíritûs sancti. *Rom.* 15.

9. Que le Dieu d'espérance nous comble de paix & de joie dans notre foi; afin que par la vertu du saint Esprit notre espérance croisse de plus en plus.

Si pour la derniére Leçon on lit un autre Evangile avec son Homélie, on dira pour neuviéme Bénédiction :

Que la lumiére de l'Evangile de la gloire de Jesus-Christ, qui est l'image de Dieu, luise sur nous.

Fúlgeat nobis illuminátio Evangélii glóriæ Christi, qui est imágo Dei. 2. *Cor.* 4.

POUR LES FERIES DE L'OCTAVE.

AU NOCTURNE.

L'une des Absolutions ci-dessus, selon le jour. Les Bénédictions, Deus det nobis, &c. *au II. Nocturne.*

Si pour la troisiéme Leçon on lit un Evangile, la troisiéme Bénédiction sera, Fúlgeat nobis. *ci-dessus.*

POUR LE TEMPS PASCAL.

ABSOLUTION. 1. *Pierre,* 1.

BEni soit Dieu, (le Pere de notre Seigneur Jesus-Christ) qui par sa grande misericorde nous a régenerés par la résurrection de Jesus-Christ, pour nous donner l'espérance de la vie.

℟. Amen.

BEnedíctus Deus, qui secundùm misericórdiam suam magnam regenerávit nos in spem vivã, per resurrectiónem Jesu Christi ex mórtuis. ℟. Amen.

BENEDICTIONS.

1. Confiteámur in ore, & in corde credámus quòd Deus suscitávit Jesum à mórtuis. *Rom.* 10.	1. Confessons de bouche, & croyons de cœur, que Dieu a ressuscité Jesus d'entre les morts.
2. Interpellet pro nobis Christus, qui mórtuus est & resurrexit. *Rom.* 8.	2. Demandons à Jesus-Christ qui est mort & ressuscité, qu'il intercéde pour nous.
3. Spiritus ejus qui suscitávit Jesum à mórtuis, hábitet in nobis. *Rom.* 8.	3. Que l'Esprit de celui qui a ressuscité Jesus, habite en nous.

Si pour la troisiéme Leçon on lit un Evangile, on dira pour Bénédiction :

Fúlgeat nobis illuminátio Evangélii glóriæ Christi, qui est imágo Dei. 2. *Cor.* 4.	Que la lumiére de l'Evangile de la gloire de Jesus-Christ qui est l'image de Dieu, luise sur nous.

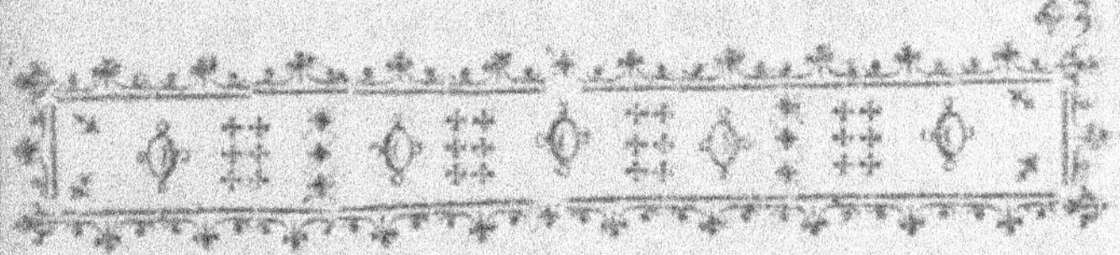

X. JUIN.

SAINT LANDRY, ÉVÊQUE DE PARIS.

Annuel.

Lorsque cette Fête arrive dans le Temps Pascal, l'Office, à l'exception de ce qui suit, se fait comme il est marqué ci-après, quand cette Fête tombe après la Pentecôte.

On fait Mémoire de l'Octave de l'Ascension à tout l'Office.

AUX I. VESPRES ET A COMPLIES.

Pseaumes de la Férie.

On ajoûte un Alleluia. *à chaque Antienne, & deux au Répons de Vêpres.*

AU NOCTURNE.

A l'Invitatoire on ajoûte un Alleluia.

Ps. 22. Dóminus regit me. *ci-après, p.* 66.

Ant. Lorsque j'étois encore jeune, avant même que je pusse m'égarer, j'ai cherché la sagesse : je l'ai demandée avec de ferventes priéres. Alleluia.

Ant. Cùm adhuc júnior essem, priusquàm oberrárem, quæsívi sapiéntiam palàm in oratióne mea. Allel. *Eccli.* 51.

Ps. 64. Te decet hymnus, *ci-après, p.* 74.

Ant. La compassion est crue avec moi dès ma plus

Ant. Ab infántia crevit mecum miserátio ; & de úterot matris meæ egressa est mecum. Allelúia. *Job*, 31.

tendre enfance ; je l'ai comme prise par la main au sortir du sein de ma mere. Alleluia.

Ps. 83. Quàm dilecta. *ci-après, pag.* 77.

Ant. Flebam super eo qui afflictus erat, & compatiebátur ánima mea páuperi. Allelúia. *Job*, 30.

Ant. Je pleurois sur celui qui étoit affligé, & mon ame étoit compatissante envers le pauvre. Alleluia.

℣. Beátus qui intélligit super egénum & páuperem : ℟. In die mala liberábit eum Dóminus. *Ps.* 40.

℣. Qu'heureux est l'homme attentif aux besoins des pauvres & des indigens ! ℟. Le Seigneur le délivrera au jour mauvais.

I. LEÇON, Mementóte. *au premier Nocturne, ci-après, p.* 65.

℟. Ecce unxit te Dóminus super hæreditátem suam in Príncipem, allelúia.* Fac quæcumque invénerit manus tua, † Quia Dóminus tecum est. Allelúia, allelúia, ℣. Bonus eris minister Christi Jesu, enutrítus verbis fidei & bonæ doctrínæ quam assecútus es : * Fac. Glória. † Quia. 1. *Rois*, 10. 1. *Tim.* 4.

℟. Le Seigneur vous a consacré par l'onction sainte : il vous a établi prince sur son héritage, alleluia. * Faites tout ce que vous inspirera votre cœur, † Parceque le Seigneur est avec vous, Alleluia, alleluia. ℣. Vous serez un fidéle ministre de Jesus-Christ, ayant une pleine connoissance des mystéres de la foi, & des la saine doctrine : * Faites. Gloire. † Parceque.

II. LEÇON. *Les trois du second Nocturne réunies en une, ci-après, p.* 70. 72. 73.

℟. Il distribuoit aux pauvres son bien selon son pouvoir, alleluia : * Il nourrissoit ceux qui avoient faim, alleluia : † Il revêtoit ceux qui étoient nuds, & prenoit un grand soin de la sépulture des morts. Alleluia, alleluia. ℣. Se souvenant de cette parole du Seigneur Jesus, Il est plus avantageux de donner que de recevoir, * Il nourrissoit ceux qui avoient faim, &c. Gloire au Pere. † Il revêtoit ceux qui étoient nuds, &c.

℟. Dividébat unicuíque proùt pótetat de facultátibus suis, allelúia : * Esurientes alébat, allelúia : † Nudis vestimenta præbébat, & mórtuis sepultúram sollícitus exhibebat. Allelúia, allelúia. ℣. Quóniam Dóminus Jesus ipse dixit, Beátius est magìs dare quàm accípere, * Esurientes. Glória. † Nudis. *Tob.* 1. *Act.* 20.

III. LEÇON. *L'Homélie du troisiéme Nocturne, ci-après,* 81. *de la* 7. *& de la* 8. *n'en faisant qu'une, & laissant la* 9.

℟. Semblable au vaisseau d'un marchand qui porte du pain au loin, * Il a ouvert sa main à l'indigent, alleluia ; † Il tint toujours ses bras étendus vers le pauvre. Alleluia, alleluia. ℣. Il répandoit ses biens avec libéralité sur le pauvre ; sa justice demeurera dans

℟. Quasi navis institóris de longè portans panem suum, * Manum suam apéruit ínopi, allelúia, & † Palmas suas extendit ad páuperem. Allelúia, allelúia. ℣. Dispersit, dedit pauperibus : justítia ejus manet in séculum seculi : * Manum. Glória. † Palmas. *Prov.* 31. 2. *Cor.* 9.

tous les siécles : * Il a ouvert. Gloire. † Il tint.

On répéte le ℟. Quasi navis. *jusqu'au* ℣.

Te Deum. *ci-après*, p. 85.

℣. *Sacerd.* Adjúvit pauperem de inópia : ℟. Vidébunt recti, & lætabuntur. *Ps.* 106.

℣. *Sacerd.* Il a délivré le pauvre de son indigence : ℟. Les justes l'ont vû, & ils en ont été remplis de joie.

A LAUDES, & AUX HEURES, *on ajoûte un* Alleluia. *à chaque Antienne.*

LA PROCESSION & LA MESSE, *comme ci-après.*

A VESPRES, comme ci-après, ajoûtant un Allelúia. *à chaque Antienne.*

A COMPLIES, comme hier, excepté les Pseaumes, qui sont ceux du Dimanche.

DE L'OCTAVE.

On n'en fait que Mémoire à l'Office de S. Barnabé, & aux Jeudi & Vendredi de la Sem. de la Pentecôte.

¶ *La Fête de S.* LANDRY *arrivant après la Pentecôte, l'Office se fait comme il suit.*

AUX I. VESPRES.

Pseaumes de la Férie.

Ant. INvéni virum secundùm cor meum, qui fáciet omnes voluntátes meas. *Act.* 13.

Ant. J'Ai trouvé un homme selon mon cœur, qui accomplira toutes mes volontés.

Ant. Je le sanctifierai, afin qu'il éxerce les fonctions de mon sacerdoce.

Ant. Sanctificábo eum, ut sacerdótio fungátur mihi. *Exod.* 29.

Ant. Il s'est attaché au Seigneur : il a gardé ses ordonnances, & ne s'est jamais écarté de sa loi.

Ant. Adhæsit Dómino, & non recessit à vestígiis ejus, fecitque mandáta ejus. 4. *Rois*, 18.

Ant. Le Seigneur fera avec lui une alliance pour lui assurer un sacerdoce éternel, parcequ'il a été brûlant de zéle pour son Dieu.

Ant. Erit ipsi pactum sacerdótii sempitérnum, quia zelátus est pro Deo suo. *Num.* 25.

Ant. Il gagnera la confiance & le respect de son peuple ; & son nom sera célébre à jamais.

Ant. In pópulo hæreditábit honórem ; & nomen illius erit vivens in æternum. *Eccli.* 37.

CAPITULE. 1. *Rois*, 2.

VOici ce que dit le Seigneur : Je l'ai choisi d'entre toutes les tribus d'Israel, pour éxercer les fonctions de mon sacerdoce, pour m'offrir des sacrifices & l'odeur de l'encens le plus pur.

HÆc dicit Dóminus : Elégi eum ex ómnibus tribubus Israel mihi in Sacerdótem, ut ascénderet ad altáre meum, & adoléret mihi incensum.

℟. Je me susciterai un Prêtre fidéle : * Il agira selon mon cœur ; il suivra

℟. Suscitábo mihi Sacerdótem fidélem, qui * Juxta cor meum

& ánimam meam fáciet, & † Ambulábit coram Christo meo cunctis diébus. ℣. Potens in Scriptúris, edoctus viam Dómini, & fervens spiritu, * Juxta cor. Glória Patri. † Ambulábit. 1. *Rois*, 2. *Act.* 18.

mes volontés, & † Il marchera devant mon Christ dans toute la suite des jours. ℣. Etant habile dans les Ecritures, & instruit de mes voies, il sera rempli de mon esprit. * Il agira. Gloire au Pere. † Il marchera.

Hymne. *S. V.*

Te pium dicam scelerisque purum;
Te canam fortem grege pro tuendo,
Cuilibet promptum mísero benignam
Téndere dextram.

Je chante l'innocente piété d'un Prélat, sa sollicitude pour le troupeau qui lui fut confié, ses soins, son attention pour fournir aux misérables toutes les assistances qui leur sont nécessaires.

Dum fames magnam populátur urbem,
Tristis & vexat pópulos egestas,
Cáritas fundo melióre dives
Pascit egénos.

Lorsqu'une cruelle famine ravagea sa ville capitale, & que ses concitoyens se virent réduits à la misére la plus extrême, il trouva dans sa charité des ressources suffisantes pour remplir tous leurs besoins.

Pauperi per te nova gaza crevit:
Nil tibi servas; tua sublevandæ,

Il sçut par une pieuse adresse faire croitre les revenûs des pauvres : quelque vils que fussent ses meubles, il les vendit ainsi que

que tous ses propres, sans se rien réserver; & du profit modique de cette vente, il se ménagea un fonds pour satisfaire aux nécessités les plus urgentes.

Sit licèt vilis prétio, supellex
Véndita plebi.

Il s'est épuisé, il ne lui reste plus rien; & cependant le membre respectable de Jesus-Christ manque de tout: il souffre une faim cruelle, & sa nudité l'expose à des douleurs aigues. Que fera-t'il?

Se bonis postquàm spoliávit ultro,
Mox Dei sacras spoliávit aras;
Nudus in terris Deus induendus,
Pauper alendus.

Son ingénieuse charité lui fournira de nouvelles ressources: par une sainte audace, il brisera les vases sacrés les plus précieux, ces ouvrages admirables, ces chefs-d'œuvre accomplis des ouvriers les plus célébres.

Vasa templórum bene fregit audax.
Quod manus fabri studiósa cudit,
Cáritas rumpit: melióre flammâ
Sponte liquescunt.

C'est ainsi que le sang adorable répandu autrefois sur la croix, ce sang qui coule encore dans les sacrés vaisseaux sur nos Autels, devient une seconde fois le prix & la rançon des misérables.

Ille qui crimen piat omne sanguis,
Et fuit nostræ prétium salútis,
His adhuc fumans páteris salútem
Fert quoque ruptis.

Pontife saint, Pere tendre & compatissant, vous êtes encore aujourd'hui rempli de la même chari-

Tuque, nam flagrans páuperes juvandi

Est adhuc cordi stúdium beato,
Hanc tuis curam, Pater, hos alumnis
Injice sensus.

HUJUS exemplo pretiósa quamvìs,
Utilis nobis étiam supellex,
Páuperum sacros, repetente Christo,
Cedat in usus.

CHRISTE, Pastórum bonus ipse Pastor,
Qui greges pascis próprio cruóre;
Fac ut æternæ súbeant opíma
Páscua vitæ. Amen.

℣. Dómine, spes mea à juventúte mea: ℟. Tu es protector meus. *Ps.* 70.

té: obtenez-en la communication pour tous ceux qui se font honneur d'être du nombre de vos enfans.

Qu'à votre éxemple nous sacrifiions avec joie nos meubles les plus précieux pour les besoins des pauvres, nous estimant trop heureux de pouvoir rendre en leur personne à Jesus Christ des biens que nous ne tenons que de sa pure libéralité.

O Jesus souverain Pasteurs des Pasteurs, qui nourrissez vos brebis de votre propre sang; faites que nous arrivions aux excellens pâturages que vous nous promettez dans la vie éternelle. Amen.

℣. Seigneur, vous êtes mon espérance dès ma plus tendre jeunesse: ℟. Vous vous êtes déclaré mon protecteur.

A Magníficat.

Ant. Sicut pastor gregem suum pascet: in bráchio suo congregábit agnos, & in sinu suo levá-

Ant. Il ménera son troupeau dans de bons pâturages, comme un bon Pasteur qui pait ses brebis: il rassemblera par la force de son bras les petits agneaux ; il les prendra dans son sein, il portera lui-même les brebis qui sont pleines.

bit ; fœtas ipse portábit. *Isaïe*, 40.

L'Oraison de la Messe.

A COMPLIES, Pseaumes de la Férie sous l'Antienne suivante.

Ant. Le sommeil fuyoit de mes yeux le jour & la nuit ; parceque j'étois occupé, Seigneur, à la garde de votre troupeau.

Ant. Die noctuque fugiébat somnus ab óculis meis pro grégibus tuis, Dómine. *Génes.* 3.

A la fin de l'Hymne on dit la Doxologie suivante, qui se dit aussi aux autres Heures.

Gloire au Pere, & au Fils ; égal honneur au saint Esprit, qui remplit de l'onction de sa divinité ceux qu'il consacre au ministére des saints Autels.

Amen.

SIT laus Patri, laus Filio ;
Par sit tibi laus, Spíritus,
Qui quos vocas altáribus,
Tuo perungis númine. Amen.

A Nunc dimittis.

Ant. Heureux les serviteurs que le Maître trouvera veillans, lorsqu'il arrivera & qu'il frapera à la porte.

Ant. Cùm vénerit Dóminus, & pulsáverit, beáti servi quos invénerit vigilantes. *Luc*, 12.

A L'OFFICE DE LA NUIT.

Pater. Ave. Credo.

DOmine, lábia mea apéries ; ℟. Et os meum annuntiábit laudem tuam. *Ps.* 50.	SEigneur, vous ouvrirez mes lévres : ℟. Et ma bouche annoncera vos louanges.
℣. Deus, in adjutórium meum intende : ℟. Dómine, ad adjuvandum me festína. *Ps.* 69.	℣. O Dieu, venez à mon aide : ℟. Hâtez-vous, Seigneur, de me secourir.
Glória Patri, & Fílio, & Spirítui sancto : Sicut erat in princípio, & nunc, & semper, & in sécula seculórum. Amen. Allelúia.	Gloire au Pere, & au Fils, & au saint Esprit : Aujourd'hui, & toujours, & dans tous les siécles, comme dès le commencement, & dans toute l'éternité. Amen. Alleluia.

INVITATOIRE.

Dóminum qui suscitávit nobis Sacerdótem fidélem, * Veníte, adorémus.	C'est le Seigneur qui nous a donné ce Pasteur fidéle : * Venez, adorons-le.

1. *Rois*, 2. *On répéte*, Dóminum, &c.

PSEAUME 94.

VEníte, exultémus Dómino, jubilémus Deo salu-	VEnez, rejouissons-nous dans le Seigneur ; chantons la gloire

de Dieu notre Sauveur : présentons-nous devant lui en célébrant ses louanges, & chantons avec joie des cantiqnes à son honneur.

tári nostro : præoccupémus fáciem ejus in confessióne, & in psalmis jubilémus ei.

On répéte, Dóminum, &c.

Car le Seigneur est le grand Dieu & le grand Roi, élevé au dessus de tous les dieux : le Seigneur ne rejettera pas son peuple ; toute l'étendûe de la terre est en sa main, & les plus hautes montagnes sont à lui : il en dispose comme il lui plait.

Quóniam Deus magnus Dóminus, & Rex magnus super omnes deos ; quóniam non repellet Dóminus plebem suam, quia in manu ejus sunt omnes fines terræ & altitúdines móntium ipse conspicit.

On répéte, Dóminum, &c.

Il est le maitre de la mer, car il l'a faite ; ses mains ont aussi créé la terre : venez, adorons Dieu, & prosternons-nous devant lui : pleurons devant le Seigneur qui nous a faits : car il est le Seigneur notre Dieu : nous sommes son peuple, & les brebis qu'il conduit lui-même à ses pâturages.

Quóniam ipsíus est mare, & ipse fecit illud ; & áridam fundavérunt manus ejus : veníte, adorémus, & procidámus ante Deum : plorémus coram Dómino qui fecit nos ; quia ipse est Dóminus Deus noster ; nos autem pópulus ejus, & oves páscuæ ejus.

On répéte, Dóminum, &c.

Hódie si vocem ejus audiéritis, nolíte obduráre corda vestra sicut in exacerbatióne secundùm diem tentatiónis in deserto, ubi tentavérunt me patres vestri, probavérunt & vidérunt ópera mea.

Si vous écoutez aujourd'hui sa voix, n'endurcissez pas vos cœurs, comme il arriva au jour du murmure qui attira sur vous ma colére dans le desert, où vos peres me tentérent, où ils éprouvérent ma puissance, & furent ensuite témoins des miracles que je fis.

On répéte, Dóminum, &c.

Quadraginta annis próximus fui generatióni huic, & dixi : Semper hi errant corde; ipsi verò non cognovérunt vias meas : quibus jurávi in ira mea si introíbunt in réquiem meam.

J'ai été proche de ce peuple pendant quarante ans, & j'ai dit : Leur cœur est toujours dans l'égarement ; ils n'ont point connu mes voies : & j'ai juré dans ma colére, qu'ils n'entreront pas dans le lieu de mon repos.

On répéte, Dóminum, &c.

Glória Patri, & Fílio, & Spirítui sancto: sicut erat in princípio, & nunc, & semper, & in sécula seculórum. Amen.

Gloire au Pere, & au Fils, & au saint Esprit : à présent, & toujours, comme dès le commencement, & dans tous les siécles des siécles. Amen.

* Veníte, adorémus.

* Venez, adorons-le.

On répéte l'Invitatoire.

HYMNE. *S. V.*

ENfin il est donc arrivé ce jour consacré à la gloire de saint Landry, jour à jamais mémorable pour la ville de Paris, auquel son saint Pontife est entré triomphant dans la céleste Sion.

Le ciel à son aspect paroit recevoir un nouvel éclat; & les Esprits bienheureux qui l'habitent, ne voient qu'avec admiration ce flambeau brillant qui vient augmenter la splendeur de leur céleste habitation.

Mais qu'est-ce que ce bruit confus qui sortant de dessus la terre vient troubler la joie de la Cour céleste? C'est l'univers qui se plaint d'avoir perdu son appui: ce sont des enfans désolés qui pleurent la perte d'un pere tendre: ce sont les larmes & les gémissemens des pauvres qui redemandent leur nourricier.

Eh quoi! disent-ils dans leur douleur, le Ciel n'est-il donc pas assez riche? Pourquoi envier les richesses de la terre? Pour-

LUx redit terris sacra Landeríco,
Lux Parisínæ sacra semper urbi,
Quâ poli magnus penetrávit alta
Templa Sacerdos.

HUJUS adventu nova lux olympo
Fulget, & sanctum radiáre sydus
Inter augustæ nova festa pompæ
Súspicit æther.

SED quid audítur? Gemit orba tellus,
Et suum nati répetunt parentem:
Páuperes lugent, lacrymísque turbant
Gáudia cœli.

NUM suis dives satis est olympus?
Incolis terras spoliáre cesset:

Cur Sacerdótem pópulis amicum
Invidet orbi?

quoi enlever à son peuple un pasteur qui fait les délices de son troupeau?

ANNE virtútum fuit illa merces?
An parùm dignæ sua pœna plebi?
Sic Deus justis gravióra plectit
Crímina pœnis.

Est ce donc là la récompense des vertus & des mérites de ce saint Evêque? ou plutôt ne seroit-ce point le châtiment sévére des ingratitudes du peuple? Ah! n'est-ce pas ainsi que Dieu punit dans sa juste colére les forfaits les plus énormes?

CHRISTE, Pastórum bonus ipse Pastor,
Qui greges pascis próprio cruóre;
Fac ut æternæ súbeant opíma
Páscua vitæ.
Amen.

O Jesus souverain Pasteur des Pasteurs, qui nourrissez vos brebis de votre propre sang; faites que nous arrivions aux excellens pâturages que vous nous promettez dans la vie éternelle.
Amen.

AU I. NOCTURNE.

PSEAUME 8.

DOmine, Dóminus noster,* quàm admirábile est nomen tuum in universa terra!

O Dieu notre souverain Seigneur, que votre nom est admirable dans toute la terre!

Quóniam eleváta est magnificéntia tua * super cœlos.

Vous avez élevé votre gloire au dessus des cieux.

Ex ore infántium

Vous tirez votre gloire

de la bouche des enfans, & de ceux qui ſont encore à la mammelle, pour confondre ceux qui ſont animés d'un eſprit de haine & de vengeance.

& lacténtium perfeciſti laudem propter inímicos tuos, * ut déſtruas inimícum & ultórem.

Mais quand je conſidére les cieux qui ſont l'ouvrage de vos mains, la lune & les étoiles que vous avez créées,

Quóniam vidébo cœlos tuos, ópera digitórum tuórum, * lunam & ſtellas quæ tu fundaſti.

Je dis en moi-même : Qu'eſt-ce que l'homme, pour vous ſouvenir de lui? Qu'eſt-ce que le fils de l'homme, pour le viſiter ?

Quid eſt homo, quòd memor es ejus ? * aut filius hóminis, quóniam víſitas eum ?

Vous l'avez pour un peu de temps rendu inférieur aux Anges : vous l'avez couronné d'honneur & de gloire, & vous lui avez donné l'empire ſur tous les ouvrages de vos mains.

Minuiſti eum paulò minùs ab Angelis : glóriâ & honóre coronaſti eum, * & conſtituiſti eum ſuper ópera mánuum tuárum.

Vous avez tout mis ſous ſes pieds, les brebis, les bœufs, & même les bêtes ſauvages :

Omnia ſubjeciſti ſub pédibus ejus, * oves & boves univerſas, ínſuper & pécora campi :

Les oiſeaux du ciel, & les poiſſons de la mer, qui ſe proménent dans l'étendûe de ſes eaux.

Vólucres cœli, * & piſces maris qui perámbulant ſémitas maris.

Dómine, Dóminus noster, * quàm admirábile est nomen tuum in universa terra!

O Dieu notre souverain Seigneur, que votre nom est admirable dans toute la terre!

Ant. Cùm adhuc júnior essem, priusquàm oberrárem, quæsivi sapiéntiam palàm in oratióne mea. *Eccli.* 51.

Ant. Lorsque j'étois encore jeune, avant même que je pusse m'égarer, j'ai cherché la sagesse, je l'ai demandée avec de ferventes priéres.

PSEAUME 19.

EXáudiat te Dóminus in die tribulatiónis: * prótegat te nomen Dei Jacob.

QUe le Seigneur vous éxauce au jour de l'affliction: que le nom du Dieu de Jacob vous défende.

Mittat tibi auxílium de sancto, * & de Sion tueátur te.

Qu'il vous envoye son secours du haut de son sanctuaire, & son assistance de Sion.

Memor sit omnis sacrificii tui: * & holocaustum tuum pingue fiat.

Qu'il se souvienne de tous vos sacrifices, & qu'il rende votre holocauste digne de lui.

Tríbuat tibi secundùm cor tuum, * & omne consilium tuum confirmet.

Qu'il vous donne tout ce que votre cœur désire, & qu'il accomplisse tous vos desseins.

Lætábimur in salutári tuo, * & in nó-

Nous nous réjouirons de la protection que vous

recevrez : nous nous en réjouirons au nom du Seigneur, & nous lui rapporterons la gloire de vos succès.

mine Dei nostri magnificábimur.

Que le Seigneur vous accorde toutes vos demandes : je sçais dès-à-présent que le Seigneur sauvera son christ.

Impleat Dóminus omnes petitiónes tuas : * nunc cognóvi quóniam salvum fecit Dóminus christum suum.

Il l'éxaucera du ciel qui est son sanctuaire : il déploiera, pour le soûtenir, la force de son bras tout-puissant.

Exáudiet illum de cœlo sancto suo : * in potentátibus salus déxteræ ejus.

Que nos ennemis mettent leur confiance dans leurs chariots & dans leurs chevaux : pour nous, nous invoquerons le nom du Seigneur notre Dieu.

Hi in cúrribus, & hi in equis ; * nos autem in nómine Dómini Dei nostri invocábimus.

Ils ont été abbatus, & ils sont tombés : pour nous, nous sommes relevés, & nous demeurons fermes.

Ipsi obligáti sunt, & cecidérunt ; * nos autem surréximus & erecti sumus.

Seigneur, sauvez le Roi, & daignez nous éxaucer au jour que nous vous invoquerons.

Dómine, salvum fac Regem, * & exaudi nos in die quâ invocavérimus te.

Ant. La compassion est crûe avec moi dès ma plus tendre enfance ; je l'ai comme prise par la main

Ant. Ab infántia crevit mecum miserátio ; & de útero

matris meæ egressa est mecum. *Job*, 31.

au sortir du sein de ma mere.

PSEAUME 20.

DOmine, in virtúte tua lætábitur rex; * & super salutáre tuum exultábit vehementer.

LE roi mettra sa confiance dans votre force, Seigneur; & le salut qui vient de vous, fera toute sa joie.

Desidérium cordis ejus tribuisti ei, * & voluntáte labiórum ejus non fraudasti eum;

Vous avez accompli les desirs de son cœur, & vous n'avez pas rejetté les priéres de sa bouche;

Quóniam prævenisti eum in benedictiónibus dulcédinis: * posuisti in cápite ejus corónam de lápide pretióso.

Car vous l'avez prévenu de bénédictions & de biens: vous avez mis sur sa tête une couronne de pierres précieuses.

Vitam pétiit à te; * & tribuisti ei longitúdinem diérum in séculum, & in séculum séculi.

Il vous a demandé la vie; & vous lui avez accordé une longue durée de jours, qui s'étendra dans tous les siécles & dans toute l'éternité.

Magna est glória ejus in salútari tuo; * glóriam & magnum decórem impónes super eum.

Sa gloire est grande, parceque vous l'avez délivré: vous le revêtirez d'éclat & de majesté.

Quóniam dabis eum in benedictió-

Vous l'établirez la source des bénédictions pour

l'éternité : vous le remplirez de joie par la vûe de votre visage.

nem in séculum séculi : * lætificábis eum in gáudio cum vultu tuo.

Parceque le Roi met son espérance dans le Seigneur & dans la miséricorde du Très-haut, il ne sera jamais ébranlé.

Quóniam rex sperat in Dómino, & in misericórdia Altíssimi ; * non commovébitur.

Que votre main saisisse tous vos ennemis : que votre droite se fasse sentir à tous ceux qui vous haïssent.

Inveniátur manus tua ómnibus inimícis tuis : * déxtera tua invéniat omnes qui te odérunt.

Vous les ferez brûler comme un four ardent au temps de votre indignation : le Seigneur les consumera dans sa colére, & le feu les dévorera.

Pones eos ut clíbanum ignis in témpore vultûs tui : * Dóminus in ira sua conturbábit eos ; & devorábit eos ignis.

Vous exterminerez leurs enfans de dessus la terre, & leur race du milieu des hommes ?

Fructum eórum de terra perdes, * & semen eórum à filiis hóminum ;

Parcequ'ils ont travaillé à faire tomber toutes sortes de maux sur vous : ils ont formé des desseins qu'ils n'ont pû éxécuter.

Quóniam declinavérunt in te mala : * cogitavérunt consília quæ non potuérunt stabilíre.

Vous les dissiperez, & les mettrez en fuite : à

Quóniam pones eos dorsum : * in reliquiis tuis præparábis vultum eórum.

l'égard de ceux que vous vous étes réservés, vous les ferez jouir de votre présence.

Exaltáre, Dómine, in virtúte tua; * cantábimus & psallémus virtútes tuas.

Paroissez, Seigneur, dans tout l'éclat de votre grandeur : nous chanterons & nous publierons dans nos cantiques les merveilles de votre puissance.

Ant. Flebam super eo qui afflictus erat, & compatiebátur ánima mea páuperi. *Job*, 30.

Ant. Je pleurois sur celui qui étoit affligé, & mon ame étoit compatissante envers le pauvre.

℣. Beátus qui intélligit super egénum & páuperem ! ℟. In die mala liberábit eum Dóminus. *Ps.* 40.

℣. Qu'heureux est l'homme attentif aux besoins des pauvres & des indigens ! ℟. Le Seigneur le délivrera au jour mauvais.

De Epístola prima beáti Pauli Apóstoli ad Timótheum.

De la premiére Epitre de S. Paul Apôtre à Timothée.

j. LEÇON. *Chap.* 2.

OPortet Epíscopum irreprehensíbilem esse, unius uxóris virum, sóbrium, prudentem, ornátum, pudícum, hospitá-

IL faut qu'un Evêque soit irrépréhensible, qu'il n'ait épousé qu'une femme, qu'il soit sobre, prudent, grave, modeste, chaste, aimant l'hospitalité, capable d'instruire ; qu'il ne soit ni sujet au vin, ni violent &

prompt à fraper, mais équitable & modéré, éloigné des contestations, désintéressé ; qu'il gouverne bien sa propre famille ; qu'il maintienne ses enfans dans l'obéissance & dans toute sorte d'honnêteté. Car si quelqu'un ne sçait pas conduire sa propre maison, comment pourra-t'il conduire l'Eglise de Dieu ?

Ecclésiæ Dei

lem, doctórem ; non vinolentum, non percussórem, sed modestum ; non litigiósum, non cúpidum, sed suæ dómui bene præpósitum, filios habentem súbditos cum omni castitáte. Si quis autem dómui suæ præesse nescit, quómodò diligéntiam habébit ?

℟. Le Seigneur vous a consacré par l'onction sainte, il vous a établi prince sur son héritage : * Faites donc avec confiance tout ce qui se présentera, † Parceque le Seigneur est avec vous. ℣. Vous serez un bon ministre de Jesus-Christ, vous nourrissant des vérités de la foi & de la saine doctrine à laquelle vous vous êtes attaché : * Faites donc. Gloire au Pere. † Parceque.

℟. Ecce unxit te Dóminus super hæreditátem suam in príncipem : * Fac quæcumque invénerit manus tua, † Quia Dóminus tecum est. ℣. Bonus eris minister Christi Jesu, enutrítus verbis fidei, & bonæ doctrínæ quam assecútus es : * Fac. Glória. † Quia. 1. *Rois*, 10. 1. *Tim.* 4.

ij. LEÇON. *Chap.* 4.

REndez-vous l'exemple & le modéle des fidéles dans les entretiens,

EXemplum esto fidélium in verbo, in conversatióne,

in caritáte, in fide, in castitáte. Dum vénio, attende lectióni, exhortatióni & doctrínæ. Noli neglígere grátiam, quæ in te te est, quæ data est tibi per prophetíam cum impositióne mánuum Presbytérii. Hæc meditáre, in his esto; ut profectus tuus manifestus sit ómnibus. Attende tibi & doctrínæ: insta in illis. Hoc enim fáciens, & te ipsum salvum fácies, & eos qui te áudiunt.

dans la maniére d'agir avec le prochain, dans la charité, dans la foi, dans la chasteté. En attendant que je vienne, appliquez-vous à la lecture, à l'exhortation & à l'instruction. Ne négligez pas la grace qui est en vous, qui vous a été donnée suivant une révélation prophétique, par l'imposition des mains de l'assemblée des Prêtres. Méditez ces choses; soyez-en toujours occupé; afin que votre avancement soit connu de tous. Veillez sur vous-même & sur l'instruction des autres: demeurez ferme dans ces éxercices; car en agissant de la sorte, vous vous sauverez vous-même, & ceux qui vous écoutent.

℟. Posuérunt eum príncipem Sacerdótum; * Eò quòd fécerat & justítiam & fidem, quam consérvávit genti suæ. ℣. Erat potens in verbis & in opéribus suis; * Eò quòd. Glória. *Eò quòd fécerat.

1. *Mach.* 14. *Act* 7.

℟. Il a été établi un des premiers d'entre les Prêtres du Seigneur; * Parcequ'il avoit rendu la justice, & conservé une éxacte fidélité envers son peuple. ℣. Il devint puissant en paroles & en œuvres; * Parcequ'il. Gloire au Pere. * Parcequ'il avoit rendu la justice & conservé, &c.

De l'Epître de l'Apôtre S. Paul aux Hébreux.

De Epístola beáti Pauli Apóstoli ad Hebræos.

iij. LEÇON. *Chap.* 13.

SOuvenez-vous de vos conducteurs qui vous ont prêché la parole de Dieu ; & considérant quelle a été la fin de leur vie, imitez leur foi. Jesus-Christ étoit hier, il est aujourd'hui, & il sera le même dans tous les siécles. Ne vous laissez point emporter à une diversité d'opinions & à des doctrines étrangéres ; car il est très-bon d'affermir son cœur par la grace.

MEmentóte præpositórum vestrórum, qui vobis locúti sunt verbum Dei : quorum intuentes éxitum conversatiónis, imitámini fidem. Jesus Christus herì, & hódie : ipse & in sécula. Doctrínis váriis & peregrínis nolíte abdúci ; óptimum est enim grátiâ stabilíre cor.

℞. Ne craignez point, mais * Parlez sans vous taire ; parceque † Je suis avec vous. ℣. Vous êtes un homme de Dieu ; & la parole qui sort de votre bouche, est la vérité même. * Parlez sans vous taire ; parceque je suis avec vous. Gloire au Pere. † Je suis avec vous.

℞. Noli timére, sed lóquere, & * Ne táceas ; propter quod † Ego sum tecum. ℣. Vir Dei es tu, & verbum Domini in ore tuo verum est. * Ne táceas. Glória. † Ego. *Actes*, 18. 3. *Rois*, 17.

On répéte Noli timére. *jusqu'au* ℣.

*

AU II. NOCTURNE.

PSEAUME 22.

DOminus regit me, & nihil mihi déerit: * in loco páscuæ ibi me collocávit.

LE Seigneur est mon pasteur, je ne manquerai de rien: il m'a placé dans d'excellens pâturages.

Super aquam refectiónis educávit me: * ánimam meam convertit.

Il me conduit à des eaux calmes & tranquilles: il rend la force à mon ame.

Deduxit me super sémitas justitiæ, * propter nomen suum.

Il me fait marcher dans les sentiers de la justice pour la gloire de son nom.

Nam & si ambulávero in médio umbræ mortis, non timébo mala; * quóniam tu mecum es.

Aussi, quand je marcherois à travers les ombres de la mort, je ne craindrois rien; parceque vous êtes avec moi.

Virga tua & báculus tuus, * ipsa me consoláta sunt.

Votre houlette & votre bâton me rassurent & me consolent.

Parasti in conspectu meo mensam, * adversùs eos qui tríbulant me.

Vous me préparez une nourriture forte, afin que je résiste aux attaques de mes ennemis.

Impinguasti in óleo caput meum: * & calix meus inébrians quàm præclárus est!

Vous répandez sur ma tête les parfums les plus exquis: & vous remplissez ma coupe d'un vin délicieux.

J'ai cette confiance, Seigneur, que votre bonté & votre miséricorde m'accompagneront tous les jours de ma vie,

Et que j'habiterai éternellement dans la maison du Seigneur.

Et misericórdia tua subsequétur me * ómnibus diébus vitæ meæ;

Et ut inhábitem in domo Dómini * in longitúdinem diérum.

Ant. Les lévres de plusieurs béniront celui qui donne libéralement la nourriture aux pauvres; & le témoignage que l'on rendra à sa conduite, sera avantageux.

Ant. Spléndidum in pánibus benedícent lábia multórum; & testimónium veritátis illíus fidéle. *Eccli.* 31.

PSEAUME 25.

SOyez mon juge, Seigneur, parceque je marche dans l'innocence: tant que je mettrai ma confiance en Dieu, je ne serai point ébranlé.

Sondez-moi, Seigneur, & éxaminez ce que je suis: éprouvez par le feu mes reins & mon cœur;

Car votre miséricorde m'est toujours présente, & je trouve ma joie dans votre vérité.

Je ne me suis point assis

JUdica me, Dómine, quóniam ego in innocéntia mea ingressus sum, * & in Dómino sperans, non infirmábor.

Proba me, Dómine, & tenta me: * ure renes meos & cor meum;

Quóniam misericórdia tua ante óculos meos est, * & complácui in veritáte tua.

Non sedi cum

concílio vanitátis, * & cum iníqua geréntibus non introibo.

dans l'assemblée des menteurs, & je n'ai point eu de liaison avec ceux qui commettent l'iniquité.

Odívi ecclésiam malignántium, * & cum ímpiis non sedébo.

Je hais l'assemblée des méchans, & je ne prendrai point place parmi les impies.

Lavábo inter innocentes manus meas ; * & circúmdabo altáre tuum, Dómine ;

Je laverai mes mains avec les justes, & je m'approcherai de votre autel, Seigneur ;

Ut áudiam vocem laudis, * & enarrem universa mirabília tua.

Afin d'entendre publier vos louanges, & de raconter moi-même toutes vos merveilles.

Dómine, dilexi decórem domûs tuæ, * & lòcum habitatiónis glóriæ tuæ.

J'aime la beauté de votre maison, Seigneur, & le lieu où réside votre gloire.

Ne perdas cum ímpiis, Deus, ánimam meam, * & cum viris sánguinum vitam meam ;

O Dieu, ne me confondez pas avec les impies, & ne me traitez pas comme les homicides.

In quorũ mánibus iniquitátes sunt : * déxtera eórum repléta est munéribus.

Leurs mains sont accoûtumées à l'injustice, & ils se laissent séduire par les présens.

Ego autem in innocéntia mea ingressus

Pour moi, j'ai marché dans l'innocence : rachetez-moi donc, Seigneur, & prenez pitié de moi.

sum : * rédime me, & miserére meî.

Mes pieds se sont arrêtés dans la voie de la justice ; je vous bénirai, Seigneur, dans les assemblées des fidéles.

Pes meus stetit in directo : * in ecclésiis benedícam te, Dómine.

Ant. Il s'acquit une grande réputation ; on relevoit son zéle & sa charité pour ses concitoyens : sa charité lui mérita le nom de Pere du peuple.

Ant. Vir amátor civitátis, & bene áudiens : pro affectu Pater appellabátur. 2. *Mach.* 14.

PSEAUME 42.

SOyez mon juge, ô mon Dieu, & prenez ma défense contre les impies : délivrez-moi de l'homme injuste & trompeur ;

JUdica me, Deus, & discerne causam meam de gente non sancta : * ab hómine iníquo & dolóso érue me ;

Car vous êtes mon Dieu, vous êtes ma force : pourquoi vous éloignez-vous de moi ? Pourquoi me laissez-vous dans le deuil & la tristesse sous l'oppression de mes ennemis ?

Quia tu es, Deus, fortitúdo mea : * quare me repulisti ? & quare tristis incédo, dum affligit me inimícus ?

Faites briller sur moi votre lumiére & votre vérité : qu'elles me conduisent sur votre montagne sainte, & qu'elles me fassent entrer jusque dans votre sanctuaire.

Emitte lucem tuam & veritátem tuam : * ipsa me deduxérunt, & adduxérunt in montem sanctum tuum, & in tabernácula tua,

Et introïbo ad altáre Dei, * ad Deum qui lætificat juventútem meam.

Je m'approcherai de l'autel de Dieu, du Dieu qui remplit mon ame d'une joie toujours nouvelle.

Confitébor tibi in cíthara, Deus, Deus meus : * quare tristis es, ánima mea? & quare conturbas me?

Je chanterai vos louanges sur la harpe, mon Seigneur & mon Dieu : ô mon ame, pourquoi donc êtes-vous triste? & pourquoi me troublez-vous?

Spera in Deo, quóniam adhuc confitébor illi : * salutáre vultûs mei, & Deus meus.

Espérez en Dieu, car je lui rendrai encore des actions de graces : il est mon Sauveur, il est mon Dieu.

Ant. Dividébat unicuíque prout póterat de facultátibus suis : esurientes alébat, nudisque vestiménta præbébat. *Tob.* 1.

Ant. Il distribuoit à chacun son bien selon son pouvoir : il nourrissoit ceux qui avoient faim, & donnoit des habits à ceux qui n'en avoient point.

℣. Homo qui miserétur & cómmodat, ℟. In æternum non commovébitur. *Ps.* 111.

℣. L'homme qui donne & qui préte avec libéralité aux pauvres, ℟. Ne sera jamais ébranlé, ni confondu.

IV. LEÇON.

LAndericus in Episcopátu Parisiensi successor Laudoberto da-

SOus le régne de Clovis II. Audobert Evêque de Paris étant mort, on choisit pour lui succéder Landry,

qui doué de toutes les vertus d'un bon Pasteur étoit particuliérement recommandable par sa compassion & son amour pour les pauvres. Dans un temps de disette qui accabloit le peuple, il vendit tout ce qu'il possédoit, & dépouilla même les temples des vases sacrés, pour fournir à chacun du pain & les autres choses nécessaires à la vie.

tus est, Clodovéo secundo Rege. Inter céteras quibus enituit boni pastóris dotes, præcípuo erga páuperes misericórdiæ affectu commendábilis fuit. Annónæ penúriâ pópulum affligente, omnem privátam supelléctilem, ipsa étiam sacra vasa in eórum subsídium distraxit, erogátâ síngulis panis alimóniâ, aliísque ad vitam necessáriis.

℟. Tous ceux qui entendoient parler de moi, me bénissoient; & *L'œil qui me voyoit, me rendoit témoignage. En effet, je délivrois le pauvre, l'orphelin, & quiconque n'avoit point de protecteur. ℣. Je n'ai désiré de recevoir de personne ni or, ni argent, ni habit: ces mains que vous voyez, m'ont fourni tout ce qui m'étoit nécessaire. * L'œil qui me voyoit. Gloire au Pere. * L'œil qui me voyoit.

℟. Auris áudiens beatificábat me, & * Oculus videns testimónium reddébat mihi, eò quòd liberássem páuperem vociferantem, & pupillum cui non esset adjútor. ℣. Argentum & aurum, aut vestem nullius concupívi; quóniam ad ea quæ mihi opus erant, ministravérunt manus istæ. * Oculus. Glória Patri. * Oculus.

V. LEÇON.

TRáditur Landericus juxta Cathedrálem Ecclésiam sanctæ Maríæ Nosocómium, quod Domus-Dei dícitur, primus ædificasse, illudque censu quo pótuit dotasse. Ejus jussu Marculfus in Diœcési Parisiensi mónachus fórmulas véteres, hoc est, instrumenta statis solemnibusque verbis concepta, & antíquitùs in utráque jurisdictióne, ecclesiásticâ nimírum & civíli, usurpári sólita, collégit, novas compósuit, easque omnes libris duóbus compléxus illi dedicávit.

ON assure qu'il fonda le premier l'Hôpital nommé Hôtel-Dieu, qui est proche l'Eglise Cathédrale Notre-Dame; & qu'il le dota de tout ce qu'il put. Marculfe, moine dans le Diocèse de Paris, fit par son ordre une collection des anciennes formules, c'est-à-dire, des actes publics conçus en termes consacrés, fixes & authentiques, dont on se servoit avant dans le droit civil & ecclésiastique; en dressa de nouvelles, qu'il distribua en deux livres, & les lui dédia.

℟. Benedíctio peritúri super me veniébat, & * Cor víduæ consolátus sum: † Oculus fui cæco, & pes claudo; pater eram páuperum. ℣. Si qua víscera miseratiónis, impléte

℟. Celui qui avoit été sur le point de périr, me combloit de bénédiction; & * Je remplissois de joie le cœur de la veuve: † J'étois l'œil de l'aveugle, & le pied du boiteux; j'étois le pere des pauvres. ℣. S'il y a parmi vous quelque tendresse & quelque compassion, rendez ma ma joie parfaite, vous tenant tous unis ensemble par la charité : * Je remplissois. Gloire au Pere. † J'étois l'œil.

gáudium meum ut idem sapiátis, eamdem caritátem habentes : * Cor. Glória. † Oculus. *Job*, 29. *Philip*. 2.

vj. LEÇON.

LAndry accorda à l'Abbaye de saint Denys l'éxemption de la Jurisdiction Episcopale, voulant seconder en ce point les intentions de Clovis, & procurer aux Religieux de ce monastére une liberté entiére : en quoi ce saint Evêque eut plus d'égard aux usages de son siécle qu'aux régles primitives. Enfin après bien des travaux, il mourut, & fut inhumé dans l'Eglise de saint Vincent, qui est plus connue aujourd'hui sous le nom de saint Germain d'Auxerre. Il eut pour successeur Chrodebert, qui fut avec saint Ouein Archevêque de Rouen un des principaux ministres de la reine Bathilde, lorsque cette princesse après la mort de Clovis prit les rênes du gouvernement ; & qui s'acquit dans cette place l'estime des grands & la

POstulante Clodovéo, Landeríeus Monastério sancti Dionysii, ut quiéti Deo serviéntium consúleret, privilégium libertátis juxta morem ætátis illíus indulsit. Demum consummátis labóribus, migrávit in cœlum, & sepultus est in Basílicâ sancti Vincéntii, modò dictâ sancti Germáni Autissiodorensis, olim sancti Germáni Téretis. Subrogátus est illi Chrodobertus, qui cum sancto Audoéno Rotomagensi Epíscopo, post mortem Clodovéi regis, Bathildi regínæ à consíliis fuit,

& propter insignem sapiéntiam inter próceres regni summam auctoritátem hábuit.

℟. Dispersit, dedit paupéribus : * Justítia ejus manet in séculum séculi, † Cornu ejus exaltábitur in glória. ℣. Qui parcè séminat, parcè & metet ; & qui séminat in benedictiónibus, de benedictiónibus & metet. * Justítia. Glória Patri. † Cornu. *Ps.* 111. 2. *Cor.* 9.

confiance des peuples par la sagesse de ses conseils.

℟. Il a répandu avec libéralité ses biens sur les pauvres ; * Sa justice l'accompagnera toujours ; † Sa puissance sera élevée & comblée de gloire. ℣. Celui qui séme peu, moissonnera peu ; & celui qui séme avec abondance, moissonnera aussi avec abondance. * Sa justice. Gloire au Pere. † Sa puissance sera élevée & comblée de gloire.

On répéte le ℟. Dispersit. *jusqu'au* ℣.

AU III. NOCTURNE.

PSEAUME 64.

TE decet hymnus, Deus, in Sion ; * & tibi reddétur votum in Jerúsalem.

Exaudi oratiónem meam ; * ad te omnis caro véniet.

Verba iniquórum prævaluérunt super

C'Est dans Sion qu'il convient de vous louer, ô mon Dieu : c'est à Jérusalem qu'il faut vous offrir des vœux.

Vous y éxaucez les priéres ; & tous les hommes de la terre viendront vous y adorer.

Nous sommes accablés de la multitude de nos pechés; mais vous nous pardonnerez nos offenſes.

nos ; * & impietátibus noſtris tu propitiáberis.

Heureux celui que vous choiſiſſez & que vous prenez à votre ſervice : il habitera dans votre ſaint temple.

Beátus quem elegiſti & aſſumpſiſti : * inhabitábit in átriis tuis.

Nous ſerons raſſatiés des biens de votre maiſon : votre temple eſt ſaint ; c'eſt le ſéjour de l'équité.

Replébimur in bonis domûs tuæ : * ſanctum eſt templum tuum, mirábile in æquitáte.

Exaucez-nous, ô Dieu notre Sauveur, vous qui êtes l'eſpérance des extrémités les plus reculées de la terre & de la mer.

Exaudi nos, Deus ſalutáris noſter, * ſpes ómnium fínium terræ, & in mari longè.

C'eſt par votre puiſſance que les montagnes ont été affermies : vous êtes armé de force : vous ſoulevez la mer juſques dans ſes plusprofonds abyſmes: vous en agitez les flots avec un bruit effroyable.

Præparans montes in virtúte tua, accinctus poténtiâ : * qui conturbas profundum maris, ſonum flúctuum ejus.

Vos merveilles & vos prodiges répandent l'étonnement & la crainte parmi les nations les plus reculées : l'orient & l'occident publient votre puiſſance & vos bontés.

Turbabunur gentes, & timébunt qui hábitant términos, à ſignis tuis : * éxitus matutíni & véſpere delectábis.

Vous viſitez la terre,

Viſitaſti terram,

& inebriasti eam : * multiplicasti locupletáre eam.

& vous la nourrissez de vos pluies abondantes ; vous la comblez de vos dons.

Flumen Dei replétum est aquis : * parasti cibum illórum, quóniam ita est præparátio ejus.

Vous remplissez d'eau les ruisseaux & les fleuves, & vous préparez la terre ; afin qu'elle fournisse à ses habitans de quoi les nourrir.

Rivos ejus inébria, multiplica genímina ejus : * in stillicidiis ejus lætábitur gérminans.

Vous abbreuvez ses sillons, vous multipliez tout ce qu'elle renferme dans son sein, & elle a la joie de voir pousser ses fruits.

Benedíces corónæ anni benignitátis tuæ, * & campi tui replebuntur ubertáte.

Vous répandez vos bénédictions sur tout le cours de l'année, & les plaines sont remplies de vos biens.

Pinguescent speciósa deserti, * & exultatióne colles accingentur.

Les deserts deviennent gras & fertiles, & les côteaux tressaillent de joie.

Indúti sunt aríetes óvium, & valles abundábunt frumento : * clamábunt, étenim hymnum dicent.

Les troupeaux se multiplient dans les plaines, les vallées sont couvertes de froment ; & l'on n'entend par-tout que des cris de joie & des chants d'allégresse.

Ant. Qui misericórdiam habet, docet & érudit quasi pastor gregem suũ. *Eccli.* 18.

Ant. Etant plein de miséricorde, il enseigne & instruit son troupeau comme un bon pasteur.

PSEAUME 83.

QUe vos tabernacles sont aimables, ô Seigneur des armées ! mon ame languit, & se consume du desir d'entrer dans la maison du Seigneur.

QUàm dilecta tabernácula tua, Dómine virtútum ! * concupiscit & déficit ánima mea in átria Dómini.

Mon cœur & ma chair tressaillent d'empressement pour le Dieu vivant.

Cor meum & caro mea * exultavérunt in Deum vivum.

Le passereau trouve bien une demeure, & l'hirondelle un nid, pour y mettre ses petits.

Etenim passer invenit sibi domum, * & turtur nidum sibi, ubi ponat pullos suos.

Que je puisse ainsi trouver une retraite auprès de vos autels, ô Seigneur des armées, mon Roi & mon Dieu.

Altária tua, Dómine virtútum, * Rex meus & Deus meus !

Heureux ceux qui habitent dans votre maison, Seigneur ! ils vous loueront éternellement.

Beáti qui hábitant in domo tua, Dómine ! * in sécula seculórum laudábunt te.

Heureux ceux qui mettent en vous leur appui ! dans cette vallée de larmes où votre providence les a placés, ils n'ont dans le cœur que le desir d'aller à vous.

Beátus vir cujus est auxílium abs te ! * ascensiónes in corde suo dispósuit, in valle lacrymárum, in loco quem pósuit.

Etenim benedictiónem dabit Legislator, ibunt de virtúte in virtútem: * vidébitur Deus deórum in Sion.

Le souverain Législateur bénira leurs efforts; & ils iront de vertu en vertu, jusqu'à ce qu'ils jouissent du Dieu des dieux dans la céleste patrie.

Dómine Deus virtútum, exaudi oratiónem meam: * áuribus pércipe, Deus Jacob.

Seigneur Dieu des vertus, éxaucez ma priére: daignez m'entendre, ô Dieu de Jacob.

Protector noster áspice, Deus, * & réspice in fáciem christi tui.

Jettez les yeux sur nous, ô Dieu notre protecteur, & regardez favorablement celui que vous avez consacré par votre onction.

Quia mélior est dies una in átriis tuis * super millia.

Un seul jour dans votre maison vaut mieux que mille par-tout ailleurs.

Elégi abjectus esse in domo Dei mei, * magis quàm habitáre in tabernáculis peccatórum.

J'aime mieux être le dernier dans la maison de mon Dieu, que d'occuper les premiéres places dans les tentes des méchans.

Quia misericórdiam & veritátem díligit Deus: * grátiam & glóriam dabit Dóminus.

Dieu aime la miséricorde & la vérité: le Seigneur donnera la grace & la gloire.

Non privábit bonis eos qui ámbulant

Il ne refusera pas ses biens à ceux qui marchent

dans l'innocence : Dieu des armées, heureux celui qui met sa confiance en vous.

in innocéntia : * Dómine virtútum, beátus homo qui sperat in te.

Ant. Sous son Pontificat la ville fut extrémement pressée par la famine : on manquoit de pain pour nourrir le peuple.

Ant. Prævâluit fames in civitáte, & non erat panis pópulo. 4. *Rois*, 25.

PSEAUME 98.

LE Seigneur prend possession de son empire ; que les peuples en frémissent de crainte : c'est lui qui est assis sur les Chérubins; que la terre en soit agitée.

DOminus regnávit ; irascantur pópuli : * qui sedet super Cherubim, moveatur terra.

Le Seigneur est grand dans Sion : il est élevé au dessus de tous les peuples.

Dóminus in Sion magnus, * & excelsus super omnes pópulos.

Qu'ils rendent gloire à votre nom, ce nom si grand, si redoutable, & si saint ; car la puissance du Roi de l'univers est fondée sur la justice.

Confiteantur nomini tuo magno, quóniam terríbile & sanctum est ; * & honor Regis judícium díligit.

C'est vous, Seigneur, qui avez établi les justices : c'est vous qui avez donné à Jacob les régles de ses jugemens.

Tu parasti directiónes : * judícium & justítiam in Jacob tu fecisti.

Publiez hautement la gloire du Seigneur notre

Exaltáte Dóminum Deum nostrum,

& adoráte ſcabellum pedum ejus ; * quóniam ſanctum eſt.

Dieu, & adorez le lieu où repoſent ſes pieds ; parce qu'il eſt ſaint.

Móyſes & Aaron in Sacerdótibus ejus ; * & Sámuel inter eos qui invocant nomen ejus.

Moyſe & Aaron étoient du nombre de ſes Prêtres: Samuel étoit de ceux qui invoquoient ſon nom.

Invocábant Dóminum, & ipſe exaudiébat eos : * in columna nubis loquebátur ad eos.

Ils invoquoient le Seigneur, & il les éxauçoit : il leur parloit dans la colomne de la nuée.

Cuſtodiébant teſtimónia ejus, * & præceptum quod dedit illis.

Ils obſervoient ſes commandemens, & les loix qu'il leur avoit données.

Dómine Deus noſter, tu exaudiébas eos : * Deus, tu propítius fuiſti eis, & ulciſcens in omnes adinventiónes eórum.

Seigneur notre Dieu, vous les éxauciez : vous étiez à leur égard un Dieu plein de bonté, mais qui en même temps les puniſſiez de leurs fautes.

Exaltáte Dóminum Deum noſtrum, & adoráte in monte ſancto ejus ; * quóniam ſanctus Dóminus Deus noſter.

Publiez hautement la gloire du Seigneur notre Dieu, & adorez-le ſur ſa ſainte montagne ; car le Seigneur notre Dieu eſt ſaint.

Ant. Quaſi navis inſtitóris de longè

Ant. Semblable à un vaiſſeau de marchand qui

apporte de loin le pain nécessaire, il ouvrit les mains à l'indigent, & tint toujours ses bras étendus sur le pauvre.

portans panem suum, manum suam apéruit ínopi, & palmas suas extendit ad páuperem. *Prov*, 31.

℣. Il a soulagé le pauvre dans son indigence : ℟. Les justes le verront, & seront remplis de joie.

℣. Adjúvit páuperem de inópia : ℟. Vidébunt recti & lætabuntur. *Ps.* 106.

Lecture du saint Evangile selon saint Matthieu. *Chap.* 25.

Léctio sancti Evangélii secundùm Matthæum.

vij. LEÇON.

EN ce temps-là ; Jesus dit cette parabole à ses disciples : Un homme qui alloit faire un long voyage hors de son pays, appella ses serviteurs, & leur mit son bien entre les mains. Et le reste.

IN illo témpore ; Dixit Jesus discípulis suis parábolam hanc : Homo péregrè proficiscens vocávit servos suos, & trádidit illis bona sua. Et réliqua.

Homélie de S. Augustin Evêque. *Serm.* 94.

Homília sancti Augustíni Epíscopi.

VOus avez dû comprendre par la lecture que l'on vous a faite de l'Evangile, quelle est la récompense des bons serviteurs, & la punition des méchans. Tout le crime de ce serviteur réprouvé, & si sévérement condamné, a

AUdistis in Evangélio & bonórum servórum méritum & pœnam malórum. Et malítia tota servi illius reprobáti graviterque damnáti ista fuit, quia nóluit erogáre: servávit integrum quod accépit; sed dóminus ejus lucra quærébat. Avárus est Deus ad salútem nostram. Si sic damnátur quia non erogávit, quid debent expectáre qui perdunt? Nos ergo dispensatóres sumus. Nos erogámus, vos accípitis. Lucra quærimus: bene vívite; lucra enim erogatiónis nostræ ista sunt.

été de n'avoir pas fait profiter le bien de son maitre: il s'est contenté de conserver ce qu'il avoit; mais son maitre vouloit du profit. Dieu est avare de notre salut. Si donc ce serviteur a été ainsi condamné pour n'avoir pas fait profiter, comment seront traités ceux qui perdent? Nous sommes donc les dispensateurs. Nous distribuons, & vous recevez. Nous sommes avides de gain: & tout le gain de notre travail est lorsque vous vivez saintement.

℟. Próperans homo sine queréla deprecabátur pro pópulis, * Ostendens quóniam tuus est fámulus, Dómine. ℣. Erat religiósus ac timens Deum, fáciens eleemósynas multas plebi, & déprecans Deū semper, * Ostendens quóniam tuus est. Glória Patri. * Ostendens.

Sag. 18. *Act.* 10.

℟. Un homme irrépréhensible se hâta d'intercéder pour le peuple; * Il fit voir, Seigneur, qu'il étoit entiérement attaché à votre service. ℣. Il étoit religieux & craignant Dieu: il faisoit beaucoup d'aumônes aux pauvres, & ne cessoit de prier: * Il fit voir. Gloire au Pere. * Il fit voir, Seigneur, qu'il étoit entiérement attaché à votre service.

viij. LEÇON.

MAis ne pensez pas que cet emploi & ce travail ne vous regarde pas. Vous ne pouvez, il est vrai, occuper ici cette place que nous tenons de Dieu pour de-là répandre & mettre à profit ; mais vous le pouvez dans quelque état que vous soyez. Si l'on attaque Jesus-Christ & son Evangile, déclarez-vous pour lui, & le défendez ; si l'on murmure & se scandalise de lui, ne gardez point le silence; si on le blasphême, reprenez avec fermeté, & séparez-vous de telles compagnies: & ainsi vous mettez à profit, si vous gagnez quelqu'un. Tenez notre place dans vos maisons ; puisque l'Evêque ne porte ce nom que parcequ'il est toujours dans la sollicitude & dans le soin, & par ces soins il remédie aux maux.

SEd étiam ad vos nolíte existimáre non pertinére erogatiónem. Non potestis erogáre de isto loco superióre ; sed potestis ubicumque estis. Ubi reprehénditur Christus, deféndite ; murmuratóribus respondéte ; blasphematóres corrípite ; ab eórum vos societáte alienáte ; sic erogátis, si áliquos lucrámini. Agite vicem nostram in dómibus vestris ; Epíscopus inde appellátus est, quia superintendit, quia intendendo curat.

℟. Il disoit : Mes entrailles sont émues à la vûe de la misére où mon peuple est réduit : * Voyez, Seigneur ; considérez du haut de votre thrône à quelle extrémité il est ré-

℟. Conturbáta sunt víscera mea super contritióne pópuli mei : * Vide, Dómine, & considera quem vindemiáveris ita. ℣. Tristítia mihi magna est, & continuus dolor cordi meo. * Vide. Glória Patri. * Vide.

duit. ℣. Je suis accablé de tristesse; vous voyez l'excès de la douleur où mon cœur est plongé. * Voyez, Seigneur. Gloire au Pere. * Voyez, Seigneur.

Lament. 2. Rom. 9.

ix. LEÇON.

UNusquísque ergo in domo sua, si caput est dómui suæ, debet ad eum pertinére Episcopátûs officium: quómodò sui credant, ne áliqui ipsórum in hæresim incurrant, ne uxor, ne filius, ne filia, ne ipse servus; quia tanti est emptus. Disciplína Apostólica præpósuit dóminum servo, & servum súbdidit dómino. Christus tamen pro ambóbus unum prétium dedit. Mínimos vestros nolíte contémnere; domesticórum vestrórum salútem omni

QUiconque donc est chef de famille, ou le premier de sa maison, doit y tenir la place de l'Evêque, en veillant sur la foi de ceux qui sont avec lui, & en prenant garde que quelques uns des siens, sa femme, son fils, sa fille, même son serviteur, qui ont tous été achetés d'un si grand prix, ne tombent dans l'hérésie. La discipline ecclésiastique a mis le maître au dessus du serviteur, & a soumis le serviteur au maître, quoique Jesus-Christ n'ait donné qu'un seul & même prix pour tous deux. Ne méprisez donc point ceux que vous regardez d'entre vous comme les moindres: procurez le salut de ceux qui sont sur vos soins & avec vous, quoi qu'il puisse vous en coûter. En agissant ainsi, vous prêterez à profit, vous ne ferez pas des serviteurs inutiles, & vous aurez la confiance de ne point craindre le terrible jugement de ce serviteur.

vigilántiâ procuráte. Hæc si fácitis, erogátis, pigri servi non éritis, damnatiónem tam detestandam non timébitis.

℟. Nous avons tous des dons différens, selon la grace qui nous a été donnée :* Que celui donc qui fait l'aumône, la fasse avec simplicité ; & que celui qui éxerce les œuvres de miséricorde, le fasse avec joie. ℣. Puisque l'aumône délivre de la mort, qu'elle efface les pechés, & qu'elle fait trouver miséricorde pour la vie éternelle ; * Que celui. Gloire au Pere. * Que celui.

℟. Habentes donatiónes secundùm grátiam quæ data est nobis differentes ; * Qui tríbuit, in simplicitáte ; qui miserétur, in hilaritáte. ℣. Quóniam eleemósyna à morte líberat, & ipsa est quæ purgat peccáta, & facit inveníre misericórdiam & vitam ætérnam ; * Qui tríbuit. Glória. * Qui. *Rom.* 12. *Tob.* 12.

On répéte le ℟. Habentes. *jusqu'au* ℣.

NOus vous adorons, Dieu tout-puissant, & nous vous reconnoissons pour le Seigneur de l'univers.

Toute la terre vous révére comme le Pere & la source éternelle de tout être.

Les Anges & toutes

TE Deum laudámus : * te Dóminum confitémur.

Te æternum Patrem * omnis terra venerátur.

Tibi omnes Angeli, * tibi cœli & univerſæ Poteſtátes ;

les Puiſſances céleſtes,

Tibi Chérubim & Séraphim inceſſábili voce proclámant :

Les Chérubins & les Séraphins chantent ſans ceſſe pour vous rendre hommage :

Sanctus,
Sanctus,
Sanctus

Saint,
Saint,
Saint

Dóminus Deus ſábaoth,

Eſt le Seigneur, le Dieu des armées.

Pleni ſunt cœli & terra * majeſtátis glóriæ tuæ.

Les cieux & la terre ſont remplis de la grandeur & de l'éclat de votre gloire.

Te gloriósus * Apoſtolórum chorus,

L'illuſtre chœur des Apôtres,

Te Prophetárum * laudábilis númerus,

La reſpectable multitude des Prophétes,

Te Mártyrum candidátus * laudat exércitus.

La brillante armée des Martyrs célébrent vos louanges.

Te per orbem terrárum * ſancta confitétur Ecclésia,

L'Egliſe ſainte répandue par tout l'univers confeſſe & publie votre nom,

Patrem * immenſæ majeſtátis :

O Dieu, dont la majeſté eſt infinie.

Venerandum tuum verum, * & únicum Fílium ;

Elle adore votre Fils unique & véritable,

Sanctum quoque * paraclétum Spíritum.

Et le ſaint Eſprit conſolateur.

Vous êtes le Roi de gloire, ô Jesus :	Tu Rex glóriæ, * Christe :
Vous êtes le Fils éternel du Pere :	Tu Patris * sempiternus es Filius :
Vous n'avez point dédaigné de vous revêtir de la nature humaine dans le sein d'une Vierge, pour sauver les hommes :	Tu, ad liberandum suscептúrus hóminem, * non horruisti Vírginis úterum :
Vous avez brisé l'aiguillon de la mort, & vous avez ouvert aux fidéles le royaume des cieux.	Tu, devicto mortis acúleo, * aperuisti credéntibus regna cœlórum :
Vous êtes assis à la droite de Dieu dans la gloire de votre Pere.	Tu ad déxteram Dei sedes, * in glória Patris.
Nous croyons que vous viendrez un jour juger l'univers.	Judex créderis * esse ventúrus.
Nous vous supplions donc de secourir vos serviteurs, que vous avez rachetés de votre sang précieux.	Te ergo quæsumus, fámulis tuis súbveni, * quos pretióso sánguine redemisti.
Mettez-nous au nombre de vos Saints, pour jouir avec eux de la gloire éternelle.	Æternâ fac * cum Sanctis tuis in glóriâ numerári.
Seigneur, sauvez votre peuple, & bénissez votre héritage.	Salvum fac pópulum tuum, Dómine, * & bénedic hæreditáti tuæ.

Et rege eos, * & extolle illos uſque in æternum.

Conduiſez-les, & élevez-les juſque dans l'éternité bienheureuſe.

Per ſíngulos dies * benedícimus te;

Nous vous béniſſons tous les jours;

Et laudámus nomen tuum in ſéculum, * & in ſéculum ſéculi.

Et nous louons votre nom à jamais, & dans la ſuite de tous les ſiécles.

Dignáre, Dómine, ' die iſto * ſine peccáto nos cuſtodíre.

Daignez, Seigneur, nous conſerver en ce jour purs & ſans peché.

Miſerére noſtrî, Dómine; * miſerére noſtrî.

Ayez pitié de nous, Seigneur; ayez pitié de nous.

Fiat miſericórdia tua, Dómine, ſuper nos, * quemádmodùm ſperávimus in te.

Répandez ſur nous vos miſéricordes, Seigneur, ſelon que nous avons eſpéré en vous.

In te, Dómine, ſperávi: * non confundar in æternum.

Car c'eſt en vous, Seigneur, que j'ai mis mon eſpérance: ne permettez pas que je ſois confondu à jamais.

℣. *Sacerd.* Deus, tibi reddétur votum in Jerúſalem; ℟. Paraſti cibum illórum. *Pſ. 64.*

℣. *Sacerd.* On vous louera, Seigneur, au milieu de la Jeruſalem céleſte; ℟. Puiſque vous avez préparé de la nourriture à votre peuple.

A LAUDES.

O Dieu, venez à mon aide : ℟. Hâtez-vous, Seigneur, de me secourir.

Gloire au Pere, & au Fils, & au saint Esprit : Aujourd'hui, & toujours, & dans tous les siécles, comme dès le commencement, & dans toute l'éternité. Amen. Alleluia.

DEus, in adjutórium meum intende : ℟. Dómine, ad adjuvandum me festína. *Ps. 69.*

Glória Patri, & Fílio, & Spirítui sancto : Sicut erat in princípio, & nunc, & semper, & in sécula seculórum. Amen. Allelúia.

PSEAUME 62.

O Dieu, vous êtes mon Dieu : je vous cherche dès le point du jour.

Dans cette terre aride, sans route & sans eau, mon ame sent pour vous une soif ardente, & ma chair soupire vers vous.

Je vous vois dans votre sanctuaire, & je contemple votre puissance & votre gloire.

Parceque votre miséricorde m'est plus précieuse que la vie, mes lévres

DEus, Deus meus, * ad te de luce vígilo.

Sitívit in te ánima mea, quàm multiplíciter tibi caro mea * in terra deserta, & ínvia, & inaquósa.

Sic in sancto appárui tibi, * ut vidérem virtútem tuam & glóriam tuam.

Quóniam mélior est misericórdia tua

super vitas, * lábia meá laudábunt te.

chanteront vos louanges.

Sic benedícam te in vita mea, * & in nómine tuo levábo manus meas.

C'est ainsi que je vous bénirai, tant que je vivrai; & j'aurai toujours les mains élevées pour invoquer votre nom.

Sicut ádipe & pinguédine repleátur ánima mea; * & lábiis exultatiónis laudábit os meum.

Que mon ame soit remplie & comme inondée de vos bénédictions; & ma langue sera sans cesse éclater vos louanges.

Si memor fui tuî super stratum meũ, * in matutínis meditábor in te.

Pendant la nuit je me souviens de vous sur mon lit, & le matin je m'occupe de votre grandeur.

Quia fuisti adjútor meus, * & in velamento alárum tuárum exultábo.

Parceque vous êtes mon protecteur, je tressaille de joie sous l'ombre de vos ailes.

Adhæsit ánima mea post te: * me suscépit déxtera tua.

Mon ame se tient fortement attachée à vous; & votre droite me soûtient.

Ipsi verò in vanum quæsiérunt ánimam meam: * introíbunt in inferióra terræ.

C'est en vain que mes ennemis me cherchent pour m'ôter la vie: ils descendront au plus profond de la terre.

Tradentur in manus gládii: * partes vúlpium erunt.

Ils seront livrés à l'épée, & deviendront la proie des bêtes carnaciéres.

Rex verò lætábi-

Pour le Roi, il trouvera sa joie en Dieu : tous ceux qui révérent le Seigneur, & jurent par lui, le glorifieront de ce qu'il aura fermé la bouche des calomniateurs.

Ant. Sous son Pontificat la Ville jouit d'une paix parfaite, les loix y étoient éxactement observées : sa tendre piété étoit un attrait puissant pour gagner tous les cœurs.

tur in Deo : laudabuntur omnes qui jurant in eo ; * quia obstructum est os loquéntium iníqua.

Ant. Cívitas in omni pace habitabátur, leges óptimè custodiebantur propter Pontíficis pietátem. 2. *Mach.* 3.

PSEAUME 69.

O Dieu, venez à mon aide : hâtez-vous, Seigneur, de me secourir.

Que ceux qui cherchent à m'ôter la vie, soient couverts de honte & de confusion.

Que ceux qui veulent ma perte, soient renversés & livrés à l'ignominie.

Que ceux qui disent en insultant à mes maux : Réjouissons-nous, réjouissons-nous, ayent la honte de fuir devant moi.

Que tous ceux qui vous cherchent, trouvent leur

DEus, in adjutórium meum inténde : * Dómine, ad adjuvandum me festína.

Confundantur & revereantur, * qui quærunt ánimam meam.

Avertantur retrorsùm & erubescant, * qui volunt mihi mala.

Avertantur statim erubescentes, * qui dicunt mihi : Euge, euge.

Exultent & læten-tur in te omnes qui

quærunt te ; * & dicant semper : Magnificétur Dóminus, qui díligunt salutáre tuum.

joie en vous ; & que ceux qui n'attendent leur salut que de vous, disent sans cesse : Que le Seigneur soit glorifié.

Ego verò egénus & pauper sum : * Deus, ádjuva me.

Pour moi, je suis pauvre & affligé : venez à mon secours, ô mon Dieu.

Adjútor meus & liberátor meus es tu : * Dómine, ne moréris.

Vous êtes mon appui & mon libérateur : Seigneur, ne différez pas.

Ant. Quæsívit bona genti suæ ; & plácuit illis potestas ejus & glória ejus : & civitátibus tribuébat alimónias. 1. *Machab.* 14.

Ant. Il n'a cherché qu'à faire du bien à sa nation ; sa puissance & sa gloire lui ont été agréables : il distribuoit des vivres dans les villes.

PSEAUME 99.

JUbiláte Deo, omnis terra : * servíte Dómino in lætítia.

PEuples de toute la terre, poussez des cris de joie vers Dieu : servez le Seigneur avec allégresse.

Introíte in conspectu ejus * in exultatióne.

Présentez-vous devant lui dans les transports d'une sainte joie.

Scitóte quóniam Dóminus ipse est Deus : * ipse fecit nos, & non ipsi nos.

Reconnoissez que le Seigneur est Dieu : c'est lui qui nous a faits, & nous ne nous sommes pas faits nous-mêmes.

Nous sommes son peuple, & les brebis qu'il nourrit : entrez dans son temple en célébrant ses louanges : chantez des hymnes en son honneur dans sa maison sainte : rendez-lui des actions de graces publiques & solemnelles.

Pópulus ejus, & oves páscuæ ejus, introíte portas ejus in confessióne, átria ejus in hymnis : * confitémini illi.

Bénissez le nom du Seigneur, parcequ'il est plein de bonté.

Laudáte nomen ejus, * quóniam suávis est Dóminus.

Sa miséricorde est éternelle, & la vérité de ses promesses passe de siécle en siécle.

In æternum misericórdia ejus, * & usque in generatiónem & generatiónem véritas ejus.

Ant. Il étoit riche en foi, en parole, en science, en sollicitude pour son troupeau, & en charité.

Ant. In ómnibus abundábat fide, & sermóne, & sciéntiâ, & omni sollicitúdine, ínsuper & caritáte. 2. *Cor.* 8.

CANTIQUE. *Tob.* 4.

SOyez charitable en la maniére que vous le pourrez.

QUo modo potúeris, * ita esto miséricors.

Si vous avez beaucoup de biens, donnez beaucoup : si vous en avez peu, ayez soin de donner de ce peu même de bon cœur.

Si multum tibi fúerit, abundanter tríbue : * si exíguum tibi fúerit, étiam exíguum libenter impertíri stude,

Præmium enim bonum tibi thesaurízas * in die necessitátis ;

Car vous vous amasserez ainsi un grand tresor & une grande récompense pour le jour de la nécessité ;

Quóniam eleemósyna ab omni peccáto & à morte liberat, * & non patiétur ánimam ire in ténebras.

Parceque l'aumône délivre de tout peché & de la mort, & qu'elle ne laissera point tomber l'ame dans les ténébres.

Fidúcia magna erit coram summo Deo, * eleemósyna ómnibus faciéntibus eam.

L'aumône sera le sujet d'une grande confiance devant le Dieu suprême, pour tous ceux qui l'auront faite.

Panem tuum cum esuriéntibus & egénis cómede ; * & de vestimentis tuis nudos tege.

Mangez votre pain avec les pauvres, & avec ceux qui ont faim ; & couvrez de vos vétemens ceux qui sont nuds.

Panem tuum & vinum tuum super sepultúram justi constitue, * & noli ex eo manducáre & bibere cum peccatóribus.

Mettez votre pain & votre vin sur le tombeau du juste ; & gardez-vous d'en manger & d'en boire avec les pécheurs.

Ant. Suscipiébat omnes qui ingrediebantur ad eum, prædicans regnum Dei,

Ant. Il recevoit avec bonté tous ceux qui s'adressoient à lui : il leur parloit du royaume de

Dieu, il les instruisoit & reprenoit avec une sainte liberté.

& docens cum omni fidúcia. *Act.* 28.

PSEAUME 148.

VOus qui êtes dans les cieux, louez-le Seigneur : louez-le au plus haut du firmament.

LAudáte Dóminum, de cœlis : * laudáte eum in excelsis.

Anges du Seigneur, louez-le tous : puissances & armées du Seigneur, louez-le toutes.

Laudáte eum, omnes Angeli ejus : * laudáte eum, omnes virtútes ejus.

Soleil & lune, louez le Seigneur : étoiles brillantes, louez toutes le Seigneur.

Laudáte eum, sol & luna : * laudáte eum, omnes stellæ & lumen.

Cieux des cieux, louez le Seigneur ; & que les eaux qui sont au dessus des airs, louent le nom du Seigneur.

Laudáte eum, cœli cœlórum ; * & aquæ omnes quæ super cœlos sunt, laudent nomen Dómini.

Car il a parlé, & tout a été fait : il a commandé, & tout a été créé.

Quia ipse dixit, & facta sunt : * ipse mandávit, & creáta sunt.

Il a établi les corps célestes pour durer dans la suite de tous les siécles : il leur a donné des loix qu'ils ne violeront pas.

Státuit ea in ætérnum, & in séculum séculi : * præceptum pósuit, & non præteríbit.

Laudáte Dóminum, de terra : * dracónes & omnes abyssi.

Louez le Seigneur, vous qui êtes sur la terre : dragons & abysmes des eaux, louez le Seigneur.

Ignis, grando, nix, glácies, spíritus procellárum, * quæ fáciunt verbum ejus;

Feux & grêles, neiges & vapeurs, vents & tourbillons qui éxécutez les ordres du Seigneur, louez-le.

Montes & omnes colles, * ligna fructífera & omnes cedri;

Que les montagnes & toutes les collines, les arbres fruitiers & tous les cédres;

Béstiæ & universa pécora, * serpentes & vólucres pennátæ;

Que les bêtes sauvages & tous les animaux domestiques, les reptiles & & oiseaux qui volent;

Reges terræ & omnes pópuli, * príncipes & omnes júdices terræ;

Que les rois de la terre & tous les peuples, les princes & tous les juges de la terre.

Júvenes & vírgines, senes cum junióribus, laudent nomen Dómini; * quia exaltátum est nomen ejus solíus.

Que les jeunes hommes & les filles, les vieillards & les enfans louent le nom du Seigneur; parcequ'il n'y a que son nom de grand.

Conféssio ejus super cœlum & terram; * & exaltávit cornu pópuli sui.

Sa grandeur est au dessus des louanges du ciel & de la terre : c'est lui qui a élevé son peuple en puissance & en gloire.

Que

Que tous ses Saints le louent, les enfans d'Israel, le peuple qui approche de lui.

Hymnus ómnibus sanctis ejus, * filiis Israel, pópulo appropinquanti sibi.

Ant. Il marcha toujours dans la paix & dans l'équité, & il a ramené beaucoup de pécheurs dans la voie de la justice.

Ant. In pace & æquitáte ambulávit, & multos avertit ab iniquitáte. *Malac.* 2.

CAPITULE. 1. *Cor.* 4.

QUe les hommes nous considérent comme les ministres de Jesus-Christ, & les dispensateurs des mystéres de Dieu. Or ce qui est à désirer dans les dispensateurs, est qu'ils soient trouvés fidéles.

SIc nos existimet homo ut ministros Christi, & dispensatóres mysterióRum Dei. Hic jam quæritur inter dispensatóres, ut fidélis quis inveniátur.

HYMNE. *S. V.*

QUel est cet édifice que je vois s'élever auprès du temple de la sainte Vierge, & qui paroît lui disputer la prééminence? Il est la demeure des malades & des infirmes, & par une sainte audace il usurpe le nom de Dieu même, dont il se prétend la demeure favorite.

QUÆ domus sanctæ prope templa surgit
Virginis? Duris habitáta morbis,
Et Deo gaudet nímium superba
Hóspite sedes.

C'est à vous, saint Pontife, qu'il prétend devoir

PRIMUS hanc condis, Pater universæ

Plebis & tutor : dedit hanc benigna
Cáritas mentem, pia cura seris
Próvida seclis.

son origine : & c'est à ce trait que nous reconnoissons l'excès de votre charité pour vos enfans, qui vous fait pourvoir à leur soulagement pour les siécles les plus reculés.

NON ibi fulgent laqueáta tecta,
Non ebur candens, Pariumve marmor :
Cáritas ornat, méliùs renidet
Páupere Christo.

Cet édifice auguste ne se distingue de tous les autres ni par la beauté de ses lambris, ni par la blancheur de l'yvoire, ni par les marbres recherchés : la charité fait toute sa richesse ; Jesus-Christ pauvre est tout son ornement.

NULLUS hanc intret pius æger ædem,
Quin tuum laudet repetatque nomen :
Totque præcónes tua facta narrent,
Quot fovet ægros.

Nul infirme n'entre dans cette sainte maison, sans loüer & bénir la mémoire de son fondateur ; & chaque pauvre qui y est admis, devient un nouveau, mais éloquent panégyriste du saint Evêque qui en jetta les premiers fondemens.

QUI tuis cives, pia turba, curis
Sponte succédunt, tua, magne Præsul,
Quo domum fundas ánimo, fidéles
Cœpta secundent.

Obtenez, ô Pontife saint, pour tous ceux qui vous succédent dans l'administration & la conduite de cette maison, une communication de cette ardente charité qui vous inspira d'en commencer l'établissement.

O Jesus souverain Pasteur des Pasteurs, qui nourrissez vos brebis de votre propre sang; faites que nous arrivions aux excellens pâturages que vous nous promettez dans la vie éternelle.
Amen.

CHRISTE, Pastórum bonus ipse Pastor,
Qui greges pascis próprio cruóre;
Fac ut æternæ súbeant opíma
Páscua vitæ. Amen.

℣. Il n'avoit pas reçu son ame en vain : ℟. Il recevra du Seigneur sa récompense.

℣. Non accépit in vano ánimam suam : ℟. Accípiet benedictiónem à Dómino. *Ps.* 23.

CANTIQUE DE ZACHARIE. *Luc*, 1.

BEni soit le Seigneur, le Dieu d'Israel, de ce qu'il a visité & racheté son peuple,

BEnedictus Dóminus Deus Israel,* quia visitávit, & fecit redemptiónem plebis suæ,

De ce qu'il nous a suscité un puissant Sauveur dans la maison de David son serviteur,

Et erexit cornu salútis nobis * in domo David púeri sui,

Selon la promesse qu'il avoit faite par la bouche de ses saints Prophêtes qui ont été dans les siécles passés,

Sicut locútus est per os sanctórum, * qui à século sunt, Prophetárum ejus,

De nous délivrer des mains de nos ennemis, & de tous ceux qui nous haïssent;

Salútem ex inimícis nostris, * & de manu ómnium qui odérunt nos;

Ad faciendam misericórdiam cum pátribus nostris, * & memorári testamenti sui sancti :	En usant de miséricorde envers nos peres, & en se souvenant de son alliance sainte,
Jusjurandum quod juravit ad Abraham patrem nostrum, * datúrum se nobis,	Et du serment par lequel il a promis à Abraham notre pere, qu'il nous feroit cette grace,
Ut sine timóre, de manu inimicórum nostrórum liberáti, * serviámus illi	Qu'étant délivrés de la puissance de nos ennemis, nous le servirions sans crainte,
In sanctitáte & justitia coram ipso * ómnibus diébus nostris.	Marchant en sa présence dans la sainteté & dans la justice tous les jours de notre vie.
Et tu, puer, Prophéta Altíssimi vocáberis : * præíbis enim ante fáciem Dómini paráre vias ejus,	Et vous petit enfant, vous serez appellé le Prophéte du Très-haut : car vous irez devant le Seigneur pour lui préparer les voies,
Ad dandam sciéntiam salútis plebi ejus, * in remissiónem peccatórum eórum,	Pour donner à son peuple la connoissance du salut, afin qu'ils obtiennent la remission de leurs pechés,
Per víscera misericórdiæ Dei nostri, * in quibus visitávit nos Oriens ex alto ;	Par les entrailles de la miséricorde de notre Dieu, par lesquelles ce Soleil levant est venu d'en-haut nous visiter ;

Pour éclairer ceux qui habitent dans les ténébres & dans l'ombre de la mort, & pour conduire nos pas dans le chemin de la paix.

Illumináre his qui in ténebris & in umbra mortis ſedent, * ad dirigendos pedes noſtros in viam pacis.

Ant. Il fut ce diſpenſateur fidéle & prudent que le Seigneur a établi ſur ſes ſerviteurs, pour leur diſttribuer dans le temps convenable la nourriture dont ils ont beſoin.

Ant. Fidélis diſpenſátor & prudens, quem conſtítuit Dóminus ſuper famíliam ſuam, ut det illis in témpore trítici menſúram. *Luc*, 12.

L'Oraiſon de la Meſſe.

AUX HEURES, Pſeaumes du Dimanche.

A PRIME.

Ant. Sous ſon Pontificat la Ville jouit d'une paix parfaite, les loix y étoient éxactement obſervées; ſa tendre piété étoit un attrait puiſſant pour gagner tous les cœurs.

Ant. Cívitas in omni pace habitabátur, leges óptimè cuſtodiebantur propter Pontíficis pietátem. 2. *Mach.* 3.

CANON.

Du cinquiéme Concile de Milan.

Ex Concílio Mediolanenſi quinto.

Année 1579. *Part.* 3. *tit.* 18.

NOus liſons dans les ſaintes Ecritures qu'une grande récompen-

CAritátis beneficentiæque ómnibus officiis quæ

in próximos conferuntur, magnam cœlestis glóriæ mercédem propósitam esse sacræ Litteræ ostendunt ; sed illa máximè Deo grata atque accepta ópera sunt, quibus benignè fit ac succúrritur egentíssimis homínibus, ægrótis ac peregrínis. Si autem iis ad córporis victum, curamque benignè suppeditátur ; illud étiam máximè curandum est, ut spirituále doctrínæ christiánæ pábulum eísdem tribuátur. Tu autem.

se est préparée dans le ciel à ceux qui pratiquent les œuvres de charité & de miséricorde : mais Dieu regarde plus favorablement les secours que l'on donne à ceux qui sont dans une grande misére, tels que sont les malades & les étrangers. Et il faut avoir soin, en leur fournissant les secours corporels dont ils ont besoin, de procurer à leurs ames les assistances spirituelles, l'instruction, & les autres secours qui leur sont nécessaires. Et vous, Seigneur.

A TIERCE.

Ant. Quæsívit bona genti suæ ; & plácuit illis potestas ejus & glória ejus : & civitátibus tribuébat alimónias. 1. *Mach.* 14.

Ant. Il n'a cherché qu'à faire du bien à sa nation ; sa puissance & sa gloire lui ont été agréables : il distribuoit des vivres dans les villes.

CAPITULE. *Coloss.* 3.

OMnia & in ómnibus Christus. Indúite vos ergo sicut

JEsus - Christ est tout en tous. Revêtez-vous donc comme des élus de

Dieu, saints & bien-aimés, de tendresse & d'entrailles de miséricorde.

electi Dei, sancti & dilecti, víscera misericórdiæ.

℟. *bref.* Il a gouverné dans la simplicité de son cœur le troupeau confié à ses soins, * Alleluia, alleluia. Il a gouverné. ℣. Et il l'a conduit avec une main sage & intelligente, * Alleluia. Gloire au Pere. Il a gouverné.

℟. *br.* Pavit eos * in innocéntia cordis sui, * Allelúia, allelúia. Pavit. ℣. Et in intelléctibus * mánuum suárum deduxit eos, * Allelúia. Glória. Pavit. *Ps.* 77.

℣. Il a rassasié ceux qui étoient dans un pressant besoin; ℟. Et il a rempli de biens l'ame affamée.

℣. Satiávit ánimam inánem; ℟. Et ánimam esurientem satiávit bonis. *Ps.* 106.

L'Oraison de la Messe.

A LA PROCESSION.

RÉPONS.

JE me suis fait tout à tous, pour les sauver tous: * Je me suis rendu foible avec les foibles, pour contribuer au salut des foibles; or † J'ai fait toutes ces choses pour l'Evangile, afin d'avoir part à ce qu'il promet. ℣. J'ai embrassé avec ardeur toutes les occasions de faire du bien, je n'ai point rougi d'être avec le pauvre; c'est pour cela qu'une grande récompense m'est réservée. * Je me suis

OMnibus ómnia factus sum, ut omnes fácerem salvos: * Factus sum infirmis infirmus, ut infirmos lucrifácerem; † Omnia fácio propter Evangélium, ut párticeps ejus efficiar. ℣. Zelátus sum bonum, & non confundar; proptéreà bonam possidébo possessiónem : * Factus sum. Glória. † Omnia. 1. *Cor.* 9. *Eccli.* 51.

℣. Ego sicut oliva fructifera in domo Dei : ℟. Sperávi in misericórdia Dei. *Ps.* 51.

rendu foible avec les foibles, pour contribuer au salut des foibles, &c. Gloire au Pere. † J'ai fait.

℣. J'ai été dans la maison du Seigneur comme un olivier chargé de fruit : ℟. Je n'ai eu d'espérance que dans la miséricorde de mon Dieu.

Oraison.

QUæsumus, Dómine, cleméntiam tuam, ut in hac die quam tránsitu sacro beáti Pontíficis Landerici consecrasti, des nobis sic ejus sequi vestígia, ut cum ipso justítiam sectantes, & piis caritátis opéribus júgiter intenti, vitam apprehendámus æternam; Per Christum Dóminum nostrum. ℟. Amen.

NOus implorons votre clémence, Seigneur, & nous vous supplions de nous accorder en ce saint jour où nous célébrons la mort précieuse du saint Evêque Landry, de marcher constamment sur ses traces, afin qu'à son éxemple pratiquant la justice, & tout occupés des œuvres de charité, nous obtenions la vie éternelle dont il jouit : Nous vous le demandons par Jesus-Christ notre Seigneur. ℟. Amen.

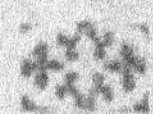

A LA MESSE.

INTROÏT. 1. *Machab.* 14. *Ps.* 40.

AYant été ordonné Evêque, il distribua en aumônes de grandes sommes d'argent ; il conserva la piété & la foi du peuple qui lui étoit soumis, & chercha à procurer par toutes sortes de moyens le bien de sa nation. *Ps.* Heureux l'homme attentif aux besoins des pauvres & des indigens : le Seigneur le délivrera au jour mauvais. Gloire au Pere. Ayant été ordonné Evêque.

FActus Sacerdos magnus erogávit pecúnias multas ; justitiam & fidem conservávit genti suæ, & exquisívit omni modo exaltáre pópulum suum. † *Ps.* Beátus qui intélligit super egénum & páuperem : * in die mala liberábit eum Dóminus. Glória. Factus.

† *Au Temps Pascal on ajoûte*, Allelúia, allelúia.

ORAISON.

O Dieu, qui avez donné à votre saint Evêque Landry des entrailles de miséricorde pour secourir les affligés : accordez à nos priéres, que celui que votre grace a rendu le pere des pauvres, ne cesse point d'être pour nous un intercesseur plein de bonté ; Par notre Seigneur Jesus-Christ votre Fils.

DEus, qui beátum Landerícum Pontíficem tuum misericórdiæ viscéribus implevisti : quæsumus, ut quem páuperum patrem tuâ grátiâ effecisti, benignum pro nobis intercessórem júgiter esse largiáris ; Per.

EPÎTRE.

Léctio libri Job. *Chap.* 29.

AUris áudiens beatificábat me, & óculus videns testimónium reddébat mihi; eò quod liberassem páuperem vociferantem, & pupillum cui non esset adjútor. Benedíctio peritúri super me veniébat; & cor víduæ consolátus sum. Justitiâ indútus sum; & vestivi me, sicut vestimento & diadémate, judício meo. Oculus fui cæco, & pes claudo. Pater eram páuperum; & causam quam nesciébam, diligentíssimè investigábam. Conterébam molas iníqui, & de déntibus illius auferébam prædam; dicebamque: In nídulo meo móriar, & sicut

Lecture du Livre de Job.

CEux qui m'écoutoient me combloient de bénédictions; & ceux qui me voyoient, disoient de moi que j'avois délivré le pauvre qui crioit, & l'orphelin qui n'avoit personne pour le secourir. Celui qui étoit près de périr, me bénissoit; & je remplissois de consolation le cœur de la veuve. Je me suis revêtu de la justice; & l'équité que j'ai gardée dans mes jugemens, m'a servi comme d'un vêtement royal & d'un diadême. J'ai été l'œil de l'aveugle, & le pied du boiteux. J'étois le pere des pauvres; & je m'instruisois avec un extrême soin des affaires que je ne sçavois pas. J'arrêtois les exactions de l'injuste, & je lui arrachois la proie dont il s'étoit saisi. Je disois: Je mourrai dans le petit nid que je me suis fait, & je multiplierai mes jours comme le palmier. Je suis comme un arbre dont la racine s'étend le long des eaux; & la roſée ſe repoſera ſur mes branches. Ma gloire ſe renouvellera de jour en jour.

palma multiplicabo dies. Radix mea aperta eſt ſecùs aquas, & ros morábitur in meſſióne mea. Glória mea ſemper innovábitur.

[*Au Temps Paſcal.* Allelúia, allelúia.

℣. Il diſtribua largement ſes biens aux pauvres : ſa juſtice ſera louée dans tous les ſiécles.

℣. Diſperſit, dedit paupéribus : juſtítia ejus manet in ſéculum ſéculi. *Pſ.* 111.

Allelúia, allelúia.

℣. Il ſera à jamais un objet de bénédiction ; parcequ'il partageoit ſon pain avec le pauvre. Alleluia.

℣. Benedicétur : de pánibus enim ſuis dedit páuperi. Allelúia. *Proverb.* 22.

PROSE.

PAris, célébrez par des fêtes ſolemnelles le triomphe de Landry votre Evêque : ſa mémoire ſera à jamais en bénédiction.

Dans tout le temps que ce pieux Prélat gouverna le Diocèſe confié à ſes ſoins, il ſe montra un digne Vicaire de la charité de ſon Dieu.

Il ſe croyoit trop heureux de ſe dépouiller pour ſoulager les indigens : il eût voulu ſe prodiguer lui-

SUI ſolemne Præſulis
Feſtum agat Lutéria :
Æternis viva ſéculis
Stat Landeríci glória.

HIC pro Deo dum ténuit
Summus Paſtor impérium,
Se caritáte præbuit
Fidum Dei Vicárium.

SUA gaudens effúndere,
Ut ſublevétur índigus,

Se se velit impéndere,
Vitæ libenter pródigus.

même pour le salut de ses brebis.

ANGUSTA carnis víscera,
Sed omnes cor compléctitur:
Cunctórum sentit vúlnera,
Cunctórum malis prémitur.

Les entrailles de sa chair sont trop étroites : mais son cœur est assez vaste pour contenir tout son troupeau : les blessures de chacune de ses ouailles deviennent les siennes propres ; il prend sur lui toutes leurs peines.]

SÆVIT Deus in pópulum:
Iram ejus vi cóhibet;
Et quà Dei se fámulum,
Hàc plebis Patrem éxhibet.

Si la main de Dieu s'appésantit sur son peuple, il appaise sa colére : il lui fait une sainte violence qui est en même temps la preuve de sa confiance en son Dieu, & de son amour pour ses enfans.

PRO grege factus hóstia,
Dum cœlo tollit déxteram,
Egentûm nutrit míllia,
Manum protendens álteram.

Tandis que pour s'immoler lui-même comme une victime pour son peuple, il éleve une main vers le Ciel, il répand de l'autre sur une multitude d'indigens de quoi fournir à leurs besoins.

POSTQUAM se cunctis éxuit,
Ipsum altáre spóliat:
Vasa templi comminuit,

Après s'être dépouillé lui-même, il ne craint pas de dépouiller les autels : il en brise les vases sacrés pour conserver les temples vivans de l'Esprit saint.

Ut viva templa nútriat.

Il sçavoit que les autels ainsi dépouillés sont bien plus agréables à Dieu ; que le don le plus excellent qu'il pût lui offrir, étoit le salut de son peuple.

Auro sic nuda sánctiùs
Deo fulgent altária :
Sunt ipsi donum mélius
Servátæ plebis gáudia.

Il éleva un édifice pour servir d'asyle & de refuge aux pauvres : la foi en jetta les fondemens, l'espérance en affermit les murailles, la charité le perfectionne & le conserve : c'est donc à juste titre qu'il est dit la maison de Dieu.

Quam ægris domum pósuit,
Dei domus vocábitur :
Fundat fides, spes éxtruit ;
At caritáte tégitur.

C'est-là que les malades trouvent tout-à-la fois la santé de l'ame & celle du corps : ou si les liens qui les retiennent sur la terre, y sont rompus, c'est pour les faire passer au séjour de la paix.

Hîc menti salus rédditur
Et córpori languéntium :
Aut, si terréna sólvitur,
Patet domus cœléstium.

Pontife saint qui êtes maintenant auprès du thrône du souverain Pasteur, écoutez les vœux de votre peuple ; secourez-le dans ses besoins : aimez un troupeau qui vous fut cher : protégez une ville qui vous révére,

Qui magno nunc Pontífici
In cœlis Pastor assides,
Plebi fer opem súpplici :
Ama gregem, fove cives,

PATER vocáris páuperum,
Adsis nobis paupéribus:
Dei sequester múnerum,
Tuos dita virtútibus.
Amen.

Votre charité vous a mérité le titre de Pere des pauvres, ayez pitié de notre indigence : dépositaire des tresors de Dieu, répandez-les sur vos enfans, afin qu'ils aillent de vertus en vertus. Amen.]

Après la Pentecôte.

GRADUEL. *Ps.* 36. & 106.

Totâ die miserétur & cómmodat; & semen illius in benedictióne erit. ℣. Adjúvit páuperem de inópia : satiávit ánimam inánem, & ánimam esurientem satiávit bonis.

Il passoit tout le jour à pratiquer les œuvres de miséricorde, donnant aux uns, prêtant aux autres : on louera à jamais les fruits de sa charité. ℣. Il secourut le pauvre qui étoit dans l'indigence, il combla de biens celui qui étoit dans la nécessité, il nourrit ceux qui souffroient la faim.

Allelúia, allelúia.

℣. Benedicétur; de pánibus enim suis dedit páuperi. Allelúia. *Proverb.* 22.

℣. Il sera dans tous les siécles un objet de bénédiction, parcequ'il partagea son pain avec le pauvre. Alleluia.

La Prose, ci-devant. 107.

EVANGILE.

Sequéntia sancti Evangélii secundùm Matthæum.

Suite du saint Evangile selon S. Matthieu. *Chap.* 25.

IN illo témpore; Dixit Jesus discípulis suis parábolam

EN ce temps-là : Jesus dit cette parabole à ses disciples : Un homme partant de son pays pour un long voyage, appella ses serviteurs, & leur mit son bien entre les mains. Il donna cinq talens à l'un, deux à l'autre, & un à un autre, à chacun selon sa capacité; & aussi-tôt il partit. Celui qui avoit reçu cinq talens, s'en alla, & les fit valoir; & il en gagna cinq autres. De même celui qui en avoit reçu deux, en gagna deux autres. Mais celui qui n'en avoit reçu qu'un, alla faire un trou dans la terre, & il cacha l'argent de son maître. Long-temps après, le maître de ces serviteurs revint, & leur fit rendre compte. Celui qui avoit reçu cinq talens s'étant approché, lui en présenta cinq autres, en lui disant: Seigneur, vous m'aviez donné cinq talens; en voici cinq de plus que j'ai gagnés. Son maître lui dit: Voilà qui est bien, bon & fidéle serviteur; puisque vous m'avez été fidéle dans peu de chose, je vous en donnerai plus à gouverner: entrez dans la joie de votre seigneur. Celui qui avoit reçu deux talens, vint ensuite, &

hanc: Homo péregrè proficíscens, vocávit servos suos, & trádidit illis bona sua. Et uni dedit quinque talenta, álii autem duo, álii verò unum, unicuíque secundùm própriam virtútem; & profectus est statim. Abiit autem qui quinque talenta accéperat, & operátus est in eis, & lucrátus est ália quinque. Simíliter & qui duo accéperat, lucrátus est ália duo. Qui autem unum accéperat, ábiens fodit in terram, & abscondit pecúniam dómini sui. Post multum verò témporis venit dóminus servórum illórum, & pósuit rationem cum eis. Et accédens qui quinque talenta accéperat, óbtulit ália quinque talenta, dicens:

Dómine, quinque talenta tradidísti mihi; ecce ália quinque superlucrátus sum. Ait illi dóminus ejus: Euge, serve bone & fidélis; quia super pauca fuísti fidélis, super multa te constítuam: intra in gáudium dómini tui. Accessit autem & qui duo talenta accéperat, & ait: Dómine, duo talenta tradidísti mihi; ecce ália duo lucrátus sum. Ait illi dóminus ejus: Euge, serve bone & fidélis; quia super pauca fuísti fidélis, super multa te constítuam: intra in gáudium dómini tui. Credo.

dit: Seigneur, vous m'aviez donné deux talens; en voilà deux de plus que j'ai gagnés. Son maître lui dit: Voilà qui est bien, bon & fidéle serviteur; puisque vous avez été fidéle dans peu de chose, je vous en donnerai beaucoup plus à gouverner: entrez dans la joie de votre seigneur. Je croi.

Offertoire. *Job*, 1.

Consurgens dilúculo offerébat holocausta; dicébat enim: Ne fortè peccáverint filii mei. Sic faciébat cunctis diébus. (Allelúia.)

Il offroit le matin des holocaustes au Seigneur; car il se disoit à lui-même: Peut-être que mon peuple se seroit rendu coupable aux yeux de Dieu. C'est ce qu'il pratiquoit tous les jours. (Alleluia.)

Secrete.

OBláta múnera, quæsumus, Dómine, propítius súscipe, eaque víscera

NOus vous prions, Seigneur, de recevoir avec bonté les présens que nous vous offrons, & de nous faire ressentir, par l'intercession de saint Landry, la même tendresse pour les pauvres, que vous avez répandue dans le cœur de ce saint Pontife; Par notre Seigneur Jesus-Christ.

caritátis, quæ beato Landerico Pontifici tuo infudisti, fac nos pérpeti ejus suffrágio persentire; Per Dóminum nostrum.

PRE'FACE.

IL est véritablement de notre devoir, il est juste, il est équitable & salutaire de vous rendre graces par Jesus-Christ notre Seigneur en tous temps & en tous lieux, ô Seigneur très-saint, Pere tout-puissant, Dieu éternel; Qui avez établi le bienheureux Landry Evêque, pour gouverner votre Eglise que Jesus-Christ votre Fils a acquise par son sang. Ce saint Pontife rempli dans sa consécration de votre esprit de charité, se livre tout entier à la garde du troupeau que vous lui avez confié: donnant ses soins sur-tout au soulagement des pauvres, il pourvoit aux besoins de tous; il fournit des vétemens à ceux qui n'en ont point, il nourrit ceux qui ont faim, il visite les malades; enfin consacrant à

VEre dignum & justum est, æquum & salutáre, nos tibi semper & ubique grátias ágere, Dómine sancte, Pater omnípotens, æterne Deus; Qui beátum Landericum Epíscopum posuisti régere Ecclésiam tuã, quam suo sánguine Christus acquisívit. Ipse enim caritátis tuæ inunctus spíritu, gregi sibi crédito indefessus invígilat: super egénum intélligens, próvidet cunctis; nudos vestit, esurientes pascit, infirmos vísitat; & dum sublevandis in perpétuum ex omni gente paupéribus pias ædes ædificat, æterna sibi parat tabernácula, quò ab ipsis recipiátur. Cum quibus & nostras voces ut admitti júbeas deprecámur, súpplici confessióne dicentes : Sanctus.

la Religion & à l'Etat ce monument si utile & si glorieux à l'humanité, où l'étranger comme le citoyen se voit soulagé dans les divers maux qui l'accablent, il mérite lui-même d'être reçu dans les tabernacles éternels par ceux ausquels sa charité avoit procuré un asyle ici-bas. C'estpourquoi, ô mon Dieu, unissant nos foibles voix aux concerts de ces Esprits bienheureux, nous allons chanter dans le lieu de notre éxil, le cantique qu'ils chantent sans cesse en votre honneur dans le séjour de la gloire : Saint.

COMMUNION. *Eccli. 7.*

Sacrificium sanctificatiónis óffêres Dómino, & páuperi pórrige manum tuam; ut perficiátur propitiátio & benedíctio tua. Ex his enim in dilectióne firmáberis. (Allelúia.)

Offrez au Seigneur le sacrifice de justice : mais ayez soin d'ouvrir en même temps votre main au pauvre ; afin que votre victime de propitiation soit agréée, & que votre offrande soit parfaite. C'est ainsi que vous vous affermirez dans la charité. (Alleluia.)

POSTCOMMUNION.

PRopitiáre, Dómine, pópulo tuo : & intercedente beáto Landerico Pontífice, perpétuæ misericórdiæ afflíctis ómnibus impen-

SOyez, Seigneur, favorable à votre peuple : & accordez par l'intercession du bienheureux Evêque Landry, le secours continuel de votre miséricorde à tous ceux qui sont dans l'affliction ;

Nous vous en supplions par notre Seigneur Jesus-Christ.

de subsídium ; Per Dóminum nostrum Jesum Christum.

A SEXTE.

Ant. Il étoit riche en foi, en parole, en science, en sollicitude pour son troupeau, & en charité.

Ant. In ómnibus abundábat fide, & sermône, & sciéntiâ, & omni sollicitúdine, ínsuper & caritáte. 2. *Cor.* 8.

CAPITULE. 1. *Thess.* 4.

NOus vous supplions & nous vous conjurons par le Seigneur Jesus, qu'ayant appris de nous comment vous devez, pour plaire à Dieu, marcher dans sa voie, vous y marchiez de telle sorte que vous vous y avanciez de plus en plus.

ROgámus vos, & obsecrámus in Dómino Jesu, ut quemádmodùm accepistis à nobis quómodò opórteat vos ambuláre & placére Deo, sic & ambulétis, ut abundétis magìs.

℟. *bref.* Il a fait marcher ses ouailles dans le droit chemin, * Alleluia, alleluia. Il a fait marcher. ℣. Pour les faire arriver à la cité où ils doivent habiter, * Alleluia. Gloire au Pere. Il a fait marcher.

℟. *br.* Deduxit eos * in viam rectam, * Allelúia, allelúia. Deduxit. ℣. Ut irent in civitátem habitatiónis, * Allelúia. Glória. Deduxit.

℣. Il les a tirées des

℣. Eduxit eos de

ténebris & umbra mortis : ℟. De necessitátibus eórum liberávit eos. *Ps.* 106.

ténébres & de l'ombre de la mort : ℟. Il les a délivrées de leurs peines.

L'Oraison de la Messe.

A NONE.

Ant. In pace & æquitáte ambulávit, & multos avertit ab iniquitáte. *Malac.* 2.

Ant. Il marcha toujours dans la paix & dans l'équité, & il a ramené beaucoup de pécheurs dans la voie de la justice.

CAPITULE. 2. *Cor.* 1.

GLória nostra hæc est, testimónium consciéntiæ nostræ, quòd in simplicitáte cordis, & sinceritáte Dei, & non in sapiéntia carnáli, sed in grátia Dei conversáti sumus in hoc mundo.

CE qui fait notre gloire c'est le témoignage que nous rend notre conscience, de nous être conduits dans ce monde avec une grande simplicité de cœur, dans la sincérité, & selon la grace de Dieu, & non selon une sagesse toute charnelle.

℟. *br.* Veníte, filii, *audíte me,* Allelúia, allel. Veníte. ℣. Timórem Dómini docébo vos, *Allelúia. Glória Patri. Veníte, filii, * audíte me.

℟. *bref.* Venez, mes chers enfans, écoutez-moi, * Alleluia, alleluia. Venez. ℣. Je continuerai toujours à vous enseigner la crainte du Seigneur, * Alleluia. Gloire au Pere. Venez, mes chers enfans, écoutez-moi.

℣. Ma bouche vous inſtruira encore de la vraie ſageſſe, ℟. Et mon cœur ſera toujours appliqué à vous découvrir la véritable prudence.

℣. Os meum loquétur ſapiéntiam, ℟. Et meditário cordis mei prudéntiam. *Pſ.* 48.

L'Oraiſon de la Meſſe.

AUX II. VESPRES.

℣. Deus, in adjutórium, &c.

PSEAUME 109.

LE Seigneur a dit à mon Seigneur: Aſſeiez-vous à ma droite,

DIxit Dóminus Dño meo: * Sede à dextris meis,

Juſqu'à ce que je réduiſe vos ennemis à vous ſervir de marche-pied.

Donec ponam inimícos tuos * ſcabellum pedum tuórum.

Le Seigneur fera ſortir de Sion le ſceptre de votre puiſſance: regnez ſouverainement au milieu de vos ennemis.

Virgam virtútis tuæ emittet Dóminus ex Sion: * dominàre in médio inimicórum tuórum.

Toute puiſſance eſt à vous pour l'éxercer au jour de votre force, lorſque vous paroîtrez avec tout l'éclat de votre ſainteté: je vous ai engendré de mon ſein avant l'aurore.

Tecum princípium in die virtútis tuæ in ſplendóribus ſanctórum: * ex útero ante lucíferum génui te.

Le Seigneur l'a juré, & il ne rétractera pas ſon

Jurávit Dóminus, & non pœnitébit

eum : * Tu es Sacerdos in æternum secundùm órdinem Melchísedech.

Dóminus à dextris tuis : * confrégit in die iræ suæ reges.

Judicábit in natiónibus, implébit ruínas : * conquassábit cápita de terra multórum.

De torrente in via bibet : * proptéreà exaltábit caput.

Ant. In multitúdine presbyterórum prudéntium stetit, & sapiéntiæ illórum ex corde conjunctus est. *Eccli.* 6.

serment : Vous êtes le Prêtre éternel selon l'ordre de Melchisédech.

Le Seigneur est à votre droite : il brisera les rois au jour de sa colére.

Il jugera les nations, & les détruira : il brisera sur la terre la tête de plusieurs.

Il boira dans le chemin de l'eau du torrent : & c'est par-là qu'il élevera sa tête.

Ant. Il se trouva dans les assemblées des sages, & il fut toujours empressé à profiter de leurs lumiéres.

PSEAUME 110.

CONsitébor tibi, Dómine, in toto corde meo, * in consílio justórum & congregatióne.

Magna ópera Dómini, * exquisita in

SEigneur, je vous louerai de tout mon cœur dans les assemblées des justes.

Les ouvrages du Seigneur sont grands, &

toujours proportionnés à ses desseins.

omnes voluntátes ejus.

Tout ce qu'il fait, publie ses louanges & sa grandeur : sa justice demeure éternellement.

Conféssio & magnificéntia opus ejus : * & justítia ejus manet in séculum séculi.

Le Seigneur qui est plein de miséricorde & de tendresse, a éternisé la mémoire de ses merveilles : il a donné la nourriture à ceux qui le craignent.

Memóriam fecit mirabílium suórum miséricors & miserátor Dóminus : * escam dedit timéntibus se.

Il se souviendra de son alliance dans la suite de tous les siécles : il a fait connoitre à son peuple la puissance de ses œuvres,

Memor erit in séculum testamenti sui : * virtútem óperum suórum annuntiábit pópulo suo,

En leur donnant l'héritage des nations : la vérité & la justice éclatent dans les ouvrages de ses mains.

Ut det illis hæreditátem géntium : * ópera mánuum ejus véritas & judícium.

Toutes ses ordonnances sont stables & fidéles : elles sont immuables dans tous les siécles : elles sont fondées sur la vérité & la justice.

Fidélia ómnia mandáta ejus, confirmáta in séculum séculi, * facta in veritáte & æquitáte.

Il a envoyé à son peuple un Sauveur pour le racheter : il a établi son alliance pour jamais.

Redemptiónem misit pópulo suo : * mandávit in ætérnum testaméntum suum.

Sanctum & terríbile nomen ejus : * inítium sapiéntiæ timor Dómini.

Son nom est saint & redoutable : la crainte du Seigneur est le commencement de la sagesse.

Intellectus bonus ómnibus faciéntibus eum : * laudátio ejus manet in séculum séculi.

Tous ceux qui reglent leur conduite sur les mouvemens de cette crainte salutaire, ont la vraie intelligence : la louange du Seigneur subsistera à jamais.

Ant. Effulsit in templo Dei quasi vas auri sólidum, ornátum omni lápide pretióso. *Eccli.* 50.

Ant. Il brilla dans l'Église comme un vase d'or massif, orné de pierres les plus précieuses.

PSEAUME III.

BEátus vir qui timet Dóminum, * in mandátis ejus volet nimis.

HEureux l'homme qui craint le Seigneur, & qui met toute son affection dans ses ordonnances.

Potens in terra erit semen ejus : * generátio rectórum benedicétur.

Sa postérité sera puissante sur la terre : la race des justes sera comblée de bénédictions.

Glória & divitiæ in domo ejus ; * & justítia ejus manet in séculum séculi.

La gloire & les richesses sont dans sa maison ; & sa justice demeure éternellement.

Exorum est in ténebris lumen re-

La lumiére se léve sur les justes au milieu des ténébres ; le Seigneur est plein

plein de miséricorde, de tendresse & de justice.

ctis: * miséricors, & miserátor, & justus.

Heureux celui qui donne & qui préte, & qui regle ses discours selon l'équité; parcequ'il ne sera jamais ébranlé.

Jucundus homo qui miserétur & cómmodat, dispónet sermónes suos in judício; * quia in ætérnum non commovébitur.

La mémoire du juste sera éternelle: il ne craindra pas qu'elle soit ternie par des discours injurieux.

In memória ætérna erit justus: * ab auditióne mala non timébit.

Son cœur est préparé à tout, parcequ'il s'appuie sur le Seigneur; son cœur est inébranble, & il ne craint rien: il attend que le Seigneur le venge de ses ennemis.

Parátum cor ejus speráre in Dómino, confirmátum est cor ejus: * non commovébitur, donec despíciat inimícos suos.

Il répand ses dons, il est libéral envers les pauvres: sa justice demeure éternellement; il sera élevé en puissance & en gloire.

Dispersit, dedit paupéribus; * justítia ejus manet in séculum séculi: cornu ejus exaltábitur in glória.

Le méchant le verra, & il frémira de colére; il grincera des dents, il séchera de dépit: les desirs des pécheurs périront.

Peccátor vidébit & irascétur, déntibus suis fremet & tabescet: * desidérium peccatórum períbit.

Ant. In diébus suis ædificávit domum, & exaltávit templum sanctum Dño, parátum in glóriam sempiternam. *Eccli.* 49.

Ant. Il jetta les fondemens de la maison du Seigneur, il lui éleva un temple, l'un & l'autre consacré à jamais à sa gloire.

PSEAUME 112.

LAudáte, púeri, Dóminum: * laudáte nomen Dómini.

LOuez le Seigneur, vous tous qui êtes ses serviteurs: louez le nom du Seigneur.

Sit nomen Dómini benedictum, * ex hoc nunc, & usque in séculum.

Que le nom du Seigneur soit béni depuis le moment présent jusque dans l'éternité.

A solis ortu usque ad occásum, * laudábile nomen Dómini.

Que le nom du Seigneur soit loué depuis l'orient jusqu'à l'occident.

Excelsus super omnes gentes Dóminus, * & super cœlos glória ejus.

Le Seigneur est élevé au dessus de toutes les nations: sa gloire est élevée au dessus des cieux.

Quis sicut Dóminus Deus noster, qui in altis hábitat, * & humília réspicit in cœlo & in terra?

Qui est semblable au Seigneur notre Dieu, qui s'éleve dans ce qu'il y a de plus haut pour y placer son thrône, & qui s'abbaisse pour considerer ce qui se passe dans le ciel & sur la terre?

Súscitans à terra

Il tire les plus vils de

la poussiére, & il fait sortir le pauvre de son fumier,

inopem, * & de stércore érigens páuperem,

Pour le placer avec les princes, avec les princes de son peuple.

Ut cóllocet eum cum princípibus, * cum princípibus pópuli sui.

Il donne à celle qui étoit stérile, la joie de se voir dans sa maison la mere de plusieurs enfans.

Qui habitáre facit stérilem in domo, * matrem filiórum lætantem.

Ant. Il protégea tous les pauvres de son peuple : il fut zélé pour l'observation de la loi, & il rétablit la gloire du sanctuaire.

Ant. Confirmávit omnem húmilem pópuli, legem exquisívit, & sancta glorificávit. 1. *Mach.* 14.

PSEAUME 131.

SEgneur, souvenez-vous de David, & de sa patience au milieu de ses afflictions.

MEmento, Dómine, David, * & omnis mansuetúdinis ejus.

Souvenez-vous, ô Dieu de Jacob, du vœu qu'il vous fit avec serment :

Sicut jurávit Dómino, * votum vovit Deo Jacob :

Je jure, vous dit-il, que je n'entrerai pas dans mon palais, que je ne monterai point sur mon lit,

Si introíero in tabernáculum domûs meæ, * si ascéndero in lectum strati mei,

Que je ne permettrai pas à mes yeux de dormir,

Si dédero somnum óculis meis, *

& pálpebris meis dormitatiónem,

Et réquiem tempóribus meis, donec invéniam locum Dómino, * tabernáculum Deo Jacob.

Ecce audívimus eam in Ephrata: * invénimus eam in campis sylvæ.

Introíbimus in tabernáculum ejus: * adorábimus in loco ubi steterunt pedes ejus.

Surge, Dómine, in réquiem tuam; * tu & Arca sanctificatiónis tuæ.

Sacerdótes tui induantur justítiam, * & Sancti tui exultent.

Propter David servum tuum, * non avertas fáciem christi tui.

Jurávit Dóminus David veritátem, & non frustrábitur

ni à mes paupiéres de sommeiller;

Que ma tête ne reposera point, jusqu'à ce que j'aie trouvé une demeure au Seigneur, & un tabernacle au Dieu de Jacob.

Nos peres nous ont appris que l'Arche avoit été en Ephrata: nous l'avons trouvée dans un pays plein de bois.

Nous entrerons enfin dans le temple du Seigneur, & nous l'adorerons dans le lieu qu'il veut habiter.

Levez-vous, Seigneur; venez dans le lieu de votre repos, vous & l'Arche où éclate votre sainteté.

Que vos Prêtres soient revétus de justice, & que vos Saints chantent des cantiques de joie.

A cause de David votre serviteur, ne rejettez pas votre christ.

Le Seigneur a fait à David un serment véritable, & il ne le rétractera point : J'établirai sur votre thrône un fils qui naîtra de vous.

eum : * De fructu ventris tui ponam super sedem tuam.

Si vos enfans gardent mon alliance, & les préceptes que je leur enseignerai ;

Si custodíerint filii tui testamentum meum, * & testimónia mea hæc quæ docébo eos ;

Eux & leur postérité seront assis sur votre thrône pour toujours.

Et filii eórum usque in séculum * sedébunt super sedem tuam.

Car le Seigneur a choisi Sion : il l'a choisie pour sa demeure.

Quóniam elégit Dóminus Sion : * elégit eam in habitatiónem sibi.

C'est ici le lieu de mon repos pour jamais, a-t-il dit : j'habiterai ici, parceque c'est le lieu que j'ai choisi.

Hæc réquies mea in séculum séculi : * hîc habitábo, quóniam elégi eam.

Je verserai sur la veuve de Sion une bénédiction abondante : je rassasierai ses pauvres de pain.

Víduam ejus benedícens benedícam : * páuperes ejus saturábo pánibus.

Je comblerai ses Prêtres de mes bienfaits ; & ceux qui me sont consacrés, seront transportés de joie.

Sacerdótes ejus índuam salutári ; * & sancti ejus exultatióne exultábunt.

C'est-là que je ferai éclater la puissance de David : j'y ai préparé pour

Illuc prodúcam cornu David : * parávi lucernam christo meo.

Inimícos ejus índuam confusióne ; * super ipsum autem efflorébit sanctificátio mea.

Ant. Mórtuus est servus Dómini, jubente Dómino ; fleveruntque eum filii Israel. *Deut.* 34.

mon christ une lumiére qui ne s'éteindra pas.

Je couvrirai de honte ses ennemis ; & la couronne que j'ai mise sur sa tête, ne se flétrira jamais.

Ant. Ce fidéle serviteur du Seigneur mourut dans le Seigneur ; & tout Israel le pleura.

CAPITULE. *Philipp.* 3.

FRatres ; Idem sapiámus, & in eádem permaneámus régula. Imitatóres meî estóte, & observáte eos qui ita ámbulant ; sicut habétis formam nostram.

MEs freres ; Ayons tous les mémes sentimens, & marchons tous sur la méme régle. Rendez-vous mes imitateurs, & proposez-vous l'exemple de ceux qui se conduisent selon le modéle que vous avez vû en nous.

Hymne, Te pium, *aux I. Vêpres*, p. 48.

℣. Lætificábis eum, Dómine, in gáudio, ℟. Cum vultu tuo. *Ps.* 20.

℣. Seigneur, vous le remplirez de joie, ℟. Par la vûe de votre visage.

CANTIQUE DE LA SAINTE VIERGE. *Luc*, 1.

MAgníficat * ánima mea Dóminum,

Et exultávit spiri-

MOn ame glorifie le Seigneur,

Et mon esprit est ravi

de joie en Dieu mon Sauveur ;

tus meus * in Deo salutári meo;

Parcequ'il a regardé la bassesse de sa servante : & désormais je serai appellée bienheureuse dans la suite de tous les siécles.

Quia respexit humilitátem ancillæ suæ : * ecce enim ex hoc beátam me dicent omnes generatiónes.

Car il a fait en moi de grandes choses, lui qui est le Tout-puissant, & dont le nom est saint.

Quia fecit mihi magna qui potens est ; * & sanctum nomen ejus.

Sa miséricorde se répand d'âge en âge sur ceux qui le craignent.

Et misericórdia ejus à progénie in progénies * timéntibus eum.

Il a déployé la force de son bras : il a renversé les superbes, en dissipant leurs desseins.

Fecit poténtiam in bráchio suo :* dispersit superbos mente cordis sui.

Il a fait descendre les grands de leur thrône, & il a élevé les petits.

Depósuit potentes de sede, * & exaltávit húmiles.

Il a rempli de biens ceux qui étoient affamés,& il a renvoyé vuides & pauvres ceux qui étoient riches.

Esurientes implévit bonis, * & divites dimísit inánes.

Il a pris en sa protection Israel son serviteur, se souvenant de sa bonté,

Suscépit Israel púerum suum, * recordátus misericórdiæ suæ,

Sicut locútus est ad patres nostros, * Abraham, & sémini ejus in sécula.

Qu'il a eu pour Abraham & pour sa race à jamais, selon les promesses qu'il a faites à nos peres.

Ant. Erit illi glória æterna ; & eleemósynas illíus enarrábit omnis ecclésia Sanctórum. Allelúia. *Eccli.* 31.

Ant. Il aura une gloire éternelle ; & on publiera sans cesse dans les assemblées des Saints les effets de sa charité, & ses abondantes aumônes. Alleluia.

L'Oraison de la Messe.

A COMPLIES, *Ps. du Dimanche, le reste comme hier,* p. 51.

[*Si la Fête de saint Landry arrive pendant l'Octave de la Pentecôte, elle est remise au Lundi après la sainte Trinité; & alors on fera Mémoire de la sainte Trinité, & du Dimanche, aux premiéres Vêpres de S. Landry.*

Si elle arrive le jour de la Fête du saint Sacrement, on la remet au lendemain; & on en fait simplement Mémoire aux II. Vêpres du jour de la Fête-Dieu.]

¶ *Si la Fête de S. Landry concourre avec l'Octave de l'Ascension, l'Office est de la Fête avec Mémoire de l'Octave. Le lendemain l'Office est de l'Octave de S. Landry, & Mémoire de la Férie, après quoi on ne fait plus rien de l'Octave jusqu'au Jeudi suivant.*

Si la Fête de S. Landry arrive le Vendredi avant la Pentecôte, on ne fait rien de l'Octave jusqu'au Jeudi suivant, auquel on en fait simple Mémoire.

Si cette Fête concourre avec la Fête du S. Sacrement,

on ne fait que Mémoire de l'Octave de S. Landry, à l'Office de l'Octave du S. Sacrement.

Si ladite Fête est transferée après la Pentecôte au delà du 16. Juin, elle n'a point d'Octave cette année-là.

Si transferée, elle se célébre avant le 17. Juin, on fait l'Office ou Mémoire de l'Octave jusqu'au jour où elle devoit naturellement finir, si la Fête n'eût pas été transferée.

PENDANT L'OCTAVE.

L'Office se fait comme au jour de la Fête, excepté ce qui suit.

Les Pseaumes de la Férie à tout l'Office.

On retranche tout ce qui n'est que du Rit Annuel.

A L'OFFICE DE LA NUIT, les 3. Ant. le ℣. & les ℟℟. d'un des Nocturnes de la Fête selon la Férie. La première Leçon est de l'Ecriture occurrente, des trois n'en faisant qu'une. La deuxiéme & la troisiéme, comme ci-après.

A LAUDES, le Cantique de la Fête avec les Pseaumes de la Férie sous une seule Antienne, qui est la quatriéme du jour de la Fête.

A VESPRES, les Pseaumes sous une seule Antienne, qui est la première des secondes Vêpres de la Fête.

LE SAMEDI DANS L'OCTAVE.

Si ce Samedi concoure avec celui dans l'Octave du S. Sacrement, on ne fait que Mémoire de S. Landry.

Tout autre Samedi, les Pseaumes de la Férie sous la seule première Antienne des secondes Vêpres, le Capitule, l'Hymne, le ℣. l'Antienne à Magnificat *& l'Oraison, comme aux premières Vêpres de la Fête, avec Mémoire du Samedi occurrent.*

LE DIMANCHE DANS L'OCTAVE.

Si ce Dimanche concoure avec celui dans l'Octave du S. Sacrement, on n'en fera que Mémoire à tout l'Office.

Tout autre jour, l'Office se fait de l'Octave, comme il suit.

L'Office comme au jour de la Fête, avec les exceptions suivantes. On retranche ce qui n'est que du Rit annuel.

Les Pseaumes du Dimanche à tout l'Office.

AU I. NOCTURNE.

Les Leçons de l'Ecriture occurrente.

AU II. NOCTURNE.

Sermo sancti Ambrósii Epíscopi.

Du devoir des Minist. L. 1. C. 30. n. 147.

IV. LEÇON.

PErfecta est liberálitas, ubi siléntio quis tegit opus suum, & necessitátibus singulórum occultè súbvenit; quem laudat os páuperis, & non lábia sua. Deinde perfecta liberálitas fide, causâ, loco, témpore, commendátur; ut primùm operéris circa doméstiCos fidei. Grandis culpa, si sciente te, fidélis égeat: si scias eum sine sumptu esse, famem toleráre, ærumnam pérpeti, qui præsertim egére

Sermon de saint Ambroise Evêque.

NE jamais parler de ses bonnes œuvres, subvenir dans le secret à toutes les nécessités des misérables, dont on mérite les éloges, c'est avoir atteint à la perfection de la vertu de libéralité. Mais pour que la charité soit parfaite, il faut avoir égard à la foi qui en est le principe, à la cause qui l'a produit, au lieu & au temps où on l'éxerce. Une premiére régle à suivre dans la pratique des œuvres de miséricorde, c'est de soulager par préférence les domestiques d'une même foi. Ce seroit une faute considérable de sçavoir un vrai fidéle dans le besoin, & de ne le pas soulager : s'il est sans secours, s'il souffre la faim, s'il est dans l'affliction, surtout s'il est du nombre des pauvres honteux, s'il est en proie à l'injustice & à la calomnie, s'il est retenu dans les fers, ou condamné à quelque peine pour dettes, s'il est condamné au dernier supplice, & qu'aimant plus votre argent que la vie de ce juste, vous ne vous hâtiez pas de le délivrer, c'est le comble de la barbarie & de l'inhumanité. Car si on doit être charitable envers tous les hommes, on le doit être bien davantage envers un juste. C'est du juste que parloit le saint homme Job, lorsqu'il disoit de lui-même : J'étois la ressource assurée de celui qui étoit réduit à la derniére extrémité.

erubescat; si in causam ceciderit aut captivitátis suórum, aut calúmniæ, & non ádjuves; si sit in cárcere & pœnis, & supplíciis propter débitum áliquod justus excruciétur; (nam etsi ómnibus debétur misericórdia, tamen justo ampliùs;) si témpore afflictiónis suæ nihil à te impetret; si témpore periculi quo rápitur ad mortem, plùs apud te pecúnia tua váleat, quàm vita moritúri. De quo pulcrè Job dixit : Benedíctio peritúri in me véniat.

n. 149. V. LEÇON.

ON doit éxercer indifféremment la charité envers tous les misérables. Mais parcequ'il y a de faux pauvres qui contrefont les misérables, qui imaginent des besoins ; il faut de la prudence. Mais

OMnibus quidem debémus misericórdiam. Sed quia plerique fraude eam quærunt, & adfingunt ærumnam; ideo ubi causa manifestátur, persóna cognóscitur, tempus urget, lárgiùs se debet profúndere misericórdia. Non enim avárus Dóminus est, ut plúrimum quærat. Beátus quidem qui dimittit ómnia, & séquitur eum : sed & ille beátus est, qui quod habet, ex affectu facit. Dénique duo æra víduæ illíus dívitum munéribus prætulit ; quia totum illa quod hábuit, cóntulit : illi autem ex abundántiâ partem contulérunt. Affectus ígitur dívitem collatiónem aut páuperem facit, & prétium rebus impónit. Céterùm Dóminus non vult simul effúndi opes, sed dispensári ; nisi fortè ut Eliséus boves suos occídit, & pavit páuperes ex eo quod hábuit ; ut nullâ curâ tenerétur doméstica, sed relictis

lorsque les besoins sont réels & connus, qu'ils sont pressans, la miséricorde alors doit être plus étendue & plus prompte. Le Seigneur en nous obligeant de lui donner beaucoup dans la personne du pauvre, n'est point avare à notre égard. Heureux sans doute celui qui quitte tout pour le suivre : mais heureux aussi celui qui lui donne tout ce qu'il doit avec un cœur vraiment généreux. Il préfera autrefois l'offrande de cette veuve qui ne donnoit que deux deniers, à celle des riches qui offrirent de grandes sommes d'argent ; parceque ceux-ci ne donnoient que de leur superflu, tandis que celle-là donnoit de son nécessaire même ; parceque c'est le cœur qui donne le mérite aux œuvres de miséricorde : c'est par le cœur que l'on est riche ou pauvre aux yeux de Dieu. Du reste, le Seigneur n'éxige pas que nous donnions tout ce que nous avons, sans discrétion : il veut au contraire que nous soyons de bons & fidéles économes. Il est cependant des cas où il est nécessaire de se dépouiller de tout. Ainsi le Prophéte Elisée tua tous ses bœufs: il distribua tout ce qu'il avoit aux pauvres, pour n'être plus distrait par les soins & les inquiétudes domestiques; afin d'être uniquement occupé de son ministére.

ómnibus, in disciplínam se prophéticam daret.

n. 150. vj. LEÇON.

C'Est une charité louable & bien entendue, de soulager d'abord ceux de nos parens qui sont dans le besoin. Il est plus naturel qu'ils reçoivent de nous leurs besoins, que d'être obligés de les demander aux autres avec une sorte de confusion: mais il faut les traiter en pauvres, & ne pas les enrichir de la substance des autres pauvres. C'est une aumône qu'il faut leur faire, & non leur fortune. Nous ne nous sommes pas voués & consacrés au Seignr pour enrichir nos parens: nous avons cherché à mériter par de bonnes œuvres la vie éternelle, & à racheter nos pechés par des aumônes. N'écoutons pas les reproches qu'ils pourroient nous faire. A les entendre, nous ne leur

EST étiam illa probanda liberálitas, ut próximos séminis tui non despícias, si egére cognoscas. Mélius est enim ut ipse subvénias tuis, quibus pudor est ab áliis sumptum depóscere, aut alicui postuláre subsídium necessitáti: non tamen, ut illi ditióres eo fieri velint, quod tu potes conferre inópibus; causa enim præstat, non grátia. Neque enim proptéreà te Dómino dicasti, ut tuos dívites fácias, sed ut vitam tibi perpétuam fructu boni óperis adquíras, & prétio miseratiónis

†

peccáta rédimas tua. Putant se parum póscere : prétium tuum quærunt, vitæ tuæ fructum adímere contendunt, & se justè fácere putant. Et accúsat quod eum dívitem non féceris, cùm te ille velit ætérnæ vitæ fraudáre mercéde.

donnons jamais assez : mais prenons-y garde, ils ne cherchent qu'à nous faire perdre le mérite de notre charité. Ils se plaignent que nous ne les enrichissons pas, & ils voudroient nous priver de la récompense éternelle après laquelle nous soupirons.

AU III. NOCTURNE.

Léctio sancti Evangélii secundùm Matthæum.

Lecture du saint Evangile selon saint Matthieu. *Chap. 25.*

vij. LEÇON.

IN illo témpore ; Dixit Jesus discípulis suis parábolam hanc : Homo péregrè proficíscens, vocavit servos suos, & trádidit illis bona sua. Et réliqua.

EN ce temps-là ; Jesus dit cette parabole à ses disciples : Un homme allant faire un long voyage hors de son pays, appella ses serviteurs, & leur confia l'administration de son bien. Et le reste.

Homília sancti Joannis Chrysóstomi.

Homélie de saint Jean Chrysostome.

Sur S. Matthieu, Hom. 79.

QUi doctrinæ grátiam ad utilitátem aliórum áccipit, nec útitur eâ,

CElui qui a reçu le talent d'instruire, & n'en fait pas usage, mérite de le perdre ; mais celui qui est fidéle à le faire valoir, mérite une plus grande récompense, & une augmentation de grace. C'est ainsi que le méchant serviteur de l'Evangile fut dépouillé de ce qu'il avoit reçu. Ce ne fut pas là toute la punition de sa paresse. Ecoutons l'arrêt qui est prononcé contre lui : *Jettez ce serviteur inutile dans les ténébres extérieures : c'est-là qu'il y aura des larmes & des grincemens de dents.* Ce ne sont donc pas les seuls voleurs, qui s'emparent du bien d'autrui, qui sont condamnés au feu de l'enfer, mais encore ceux qui pouvant faire le bien, ne le font pas. Pensons-y bien : & puisque nous en avons encore le temps, travaillons enfin sérieusement à notre salut. Nous avons reçu de l'huile dans nos lampes, faisons-la valoir : car si nous sommes ici-bas négligens & paresseux, personne n'aura pitié de nous dans le séjour des larmes. Celui qui s'étoit réduit lui-même à une vie pauvre & pénitente, & qui n'a pas éxercé la mi-

grátiam quoque ipsam omníno perdit : qui autem studiósè ac séduló útitur his, majórem grátiam impetrábit ; quemadmodùm ille vel quod accépit amíserat. Verùm non ad hæc usque damnum otiósi procédit, sed intolerábilis cruciátus & senténtia terríbilis séquitur : Projícite namque, inquit, inútilem servum in ténebras exterióres ; ibi erit fletus & stridor déntium. Vides quómodò non solùm rapáces, & qui aliéna invádunt, nec soli malefactóres, verùm étiam & qui bona fácere négligit, extrémo cruciátur supplício ? Audiámus ígitur hæc verba ; & donec tempus pátitur, nostram amplectámur salútem. Accipiámus in lampádibus óleum, amplificémus talentum. Si enim in pigritia & ótio hîc vívimus, nullus nostrî étiam fléntium ibi commiserébitur. Nam & qui sórdidas vestes habébat, quamvìs seipsum condemnasset, nihil tamen profécit. Et qui talentum accepisset, etsi depósitum réddidit, condemnátus est tamen. Quæ ómnia cogitantes, pecúniâ, stúdio, auctoritáte, quibuscumque póssumus, próximos adjuvémus.

séricorde, n'a rien gagné pour l'autre vie : on condamne le serviteur, qui ayant reçu un talent, l'a rendu sans usure. Faisons donc usage de notre esprit, & servons-nous de nos biens, de nos talens, de notre crédit pour aider autant que nous le pourrons notre prochain.

viij. LEÇON.

TAlenta hîc pro eo quod unusquísque fácere potest, accípimus, sive auctoritáte protégere, sive pecúniis juváre, sive doctrínâ admonére, sive áliâ quápiam re próximis prodesse queas. Nemo secum dicat : Cùm unum taléntum hábeam, nihil possum efficere : potes profectò ex una re sola comprobári. Non

NOus avons tous reçu quelque talent : il faut en faire usage. Les uns ont du crédit, les autres ont des richesses : celui-ci le don de conseil, celui-là celui d'instruire. Ne disons donc pas comme le méchant serviteur, que n'ayant qu'un seul talent nous ne sommes bons à rien : car le bon usage de ce seul talent nous méritera une récompense éternelle. Vous n'êtes ni plus pauvre que la veuve de l'Évangile, ni plus grossier que Pierre & Jean, qui tout rustiques qu'ils fussent & sans lettres ont mérité par leur zéle d'être les princes du royaume des cieux. Rien en effet n'est plus agréable à Dieu, que d'employer sa vie à l'utilité des autres. C'est pour cela que Dieu nous a donné une raison, un esprit, la parole, des mains, des pieds, de la force; afin que nous puissions nous en servir pour notre propre avantage & celui de nos freres. La langue n'est pas utile simplement pour prier & rendre graces; elle sert à instruire & à reprendre: l'important est d'en faire un bon usage, afin d'imiter le Seigneur; autrement nous serions les imitateurs du diable.

es paupérior illâ víduâ, non es Petro atque Joanne rustícior: qui, quamvìs rudes simul atque illitteráti fúerint, quóniam magno stúdio commúnem utilitátem complexi fúerant, cœlórum príncipes facti sunt. Quippe nulla res Deo grátior est, quàm ut universam vitam ad commúne cómmodum cónferas. Idcircò ratióne atque oratióne nos Deus decorávit, mentem atque ingénium concessit; manus, pedes, vires córporis dedit, ut his ómnibus & nos ipsos, & próximos tutémur. Non enim ad agendas grátias solúmmodò confert orátio, verùm étiam ad docendum & ad monendum perútilis est: quâ in re si eâ diligenter utémur, Dóminum; sin verò in contráriis, diábolum imitábimur.

ix. LEÇON.

De l'Homélie du Dimanche occurrent.

LE XI. JUIN.

L'Office est de saint Barnabé au Bréviaire, avec Mémoire de l'Octave.

LE XII. JUIN.

Sermo sancti Ambrósii Epíscopi.

Sermon de S. Ambroise Evêque.

Du devoir des Minist. L. 1. c. 30. n. 15.

ij. LEÇON.

NEminem debet pudére, si ex dívite pauper fiat, dum largitur páuperi; quia Christus pauper factus est, cùm dives esset, ut omnes suâ inópiâ ditáret. Dedit régulam quam sequámur, ut bona ratio sit exinaníti patrimónii; si quis páuperum famem répulit, inópiam sublevávit. Unde, & consílium in hoc do, Apóstolus dicit; hoc enim vobis útile est, ut Christum imitémini. Consílium bonis datur, corréptio errantes coercet. Dénique quasi bonis dicit: Quia non tantùm

PErsonne ne doit rougir de s'être appauvri soi-même pour enrichir les pauvres, depuis que Jesus-Christ s'est rendu pauvre, de riche qu'il étoit; afin que nous devinssions riches à ses dépens. Il nous a montré en sa personne la régle que nous devons suivre: il nous a appris à nous dépouiller du nôtre, pour nourrir le pauvre & le soulager dans sa misére. Aussi l'Apôtre écrit-il aux Fidéles de l'Eglise naissante, qu'il n'a point d'autre conseil à leur donner; qu'il leur est utile d'être en cela comme dans tout le reste imitateurs de Jesus-Christ. Saint Paul se sert en cet endroit du mot de conseil, parcequ'il parloit à des Saints: mais cette expression renferme un précepte & une forte réprimande pour les charnels. C'étoit encore à des Saints qu'il adressoit son discours lorsqu'il ajoûtoit : Il y a déja plus d'un an que vous avez commencé à soulager vos freres par des secours efficaces, & que vous avez pris la résolution de continuer cette pratique. L'une & l'autre de ces dispositions, l'action & le desir, sont essentielles pour la perfection de la charité.

fácere, sed & velle cœpistis ab anno prætérito. Perfectorũ utrumque est, non pars.

iij. LEÇON.

L'Apôtre par ces paroles nous fait assez entendre que la bonne volonté ne suffit pas sans la libéralité ; & que la libéralité qui n'est pas le fruit d'une volonté pleine & entiére, est imparfaite. C'est pour cela qu'exhortant les mêmes Fidéles à tendre à la perfection, il ajoûte : *Achevez donc ce que vous avez si bien commencé ; afin que de même que vous en avez la volonté, vos libéralités répondent à votre pouvoir. Car lorsque la volonté est pleine & entiére, Dieu l'agrée, ne demandant de nous que ce que nous pouvons, & non ce que nous ne pouvons pas. Ainsi je n'entens pas que les autres soient soulagés, & que*

ITaque docet (Apóstolus) liberalitátem sine benevoléntia & benevoléntiam sine liberalitáte non esse perfectam. Unde ad perfectum hortátur, dicens : Nunc ergo & fácere consummáte ; ut quemádmodùm prompta est in vobis voluntas faciendi, ita sit & perficiendi ex eo quod habétis. Si enim voluntas prompta est, secundùm id quod habet, acceptum est, non secundùm quod non habet. Non enim ut áliis reféctio sit, vobis autem angústia, sed ex æqualitáte in hoc témpore, vestra abundántia ad illórum inópiam, ut illórum abundántia sit ad vestram inópiam; ut fiat æquálitas, sicut scriptum est: Qui multum, non abundávit; & qui módicum, non minorávit.

vous soyez surchargés; mais que pour ôter l'inégalité, votre abondance supplée maintenant à la pauvreté des autres, afin que votre pauvreté soit soulagée un jour par leur abondance, & qu'ainsi tout soit réduit à l'égalité, selon qu'il est écrit: Celui qui recueillit beaucoup, n'en eut pas plus que les autres; & celui qui recueillit peu, n'en eut pas moins.

LE XIII. JUIN.

Sermo sancti Ambrósii Episcopi.

Sermon de S. Ambroise Evêque.

Du devoir des Minist. l. 2. c. 14. n. 66. 67. & 68.

ij. LEÇON.

QUid præcélsius illo viro, qui auro movéri nésciat, contemptum hábeat pecuniárum, & velut ex arce quadam despíciat hóminum cupiditátes? Quod qui fécerit, hunc hómines supra hóminem esse arbitrantur. Quis est, inquit, hic, & laudábimus eum? fecit enim mirabília in

FUt-il jamais rien de plus estimable, que celui sur qui les richesses n'eurent jamais d'empire, qui méprise les biens du siécle; & qui se mettant au dessus des idées des hommes, n'a pour leurs passions différentes que de l'horreur & du mépris? Aussi ne balance-t-on pas à mettre un pareil homme au dessus de l'humanité. *Où se trouve un pareil homme*, demande-t-on avec le Sage, *afin que nous lui donnions les éloges qu'il mé-*

rite? car sa vie est un composé de prodiges. Et comment ne pas louer celui qui foule aux pieds des richesses que tant d'autres n'ont pas eu honte de préferer à leur salut? Il est donc permis à un chacun de prêcher par son éxemple la frugalité & la tempérance dans l'usage des biens de ce monde: mais c'est un devoir étroit pour ceux qui sont élevés au dessus des autres; n'étant pas tolérable que celui qui commande aux autres, devienne lui-même l'esclave de ses richesses. Il est bien plus naturel que son esprit le mette au dessus de ses tresors, & sa charité affable & compatissante au dessous de son prochain. Plus il sera humble dans son élevation, plus il s'attirera d'estime & de respect. Mais si c'est une vertu de conserver dans les plus grandes richesses un cœur détaché, combien est-il plus admirable d'être chrétiennement libéral; ensorte qu'on ne soit ni prodigue à contre-temps envers les importuns, ni trop réservé envers les misérables?

vita sua. Quómodò enim non admirandus, qui divítias sperni t, quas pleríque salúti prætulérunt? Decet ígitur omnes censúra frugalitátis, continéntiæ auctóritas, & máximè eum qui honóre præstet, ne præeminentem virum thesauri possídeant sui, & pecúniis sérviat qui præest líberis. Illud magìs decet, ut supra thesaurum sit ánimo, & infra amícum obséquio. Humílitas enim grátiam auget. Quòd si ab his sóbrium gérere ánimum laudábile est, quantò illud præstántius, si dilectiónem multitúdinis liberalitáte adquíras, neque supérfluâ circa importúnos, neque restrictâ circa indigentes,

c. 15. n. 69. 70.

PLúrima autem génera liberalitátis sunt, non solùm quotidiáno sumptu egéntibus, quo vitam sustinére suam possint, dispónere ac dispensáre alimóniam; verùm étiam his qui públicè egére verecundantur, consúlere ac subvenire, quátenus commúnis egenórum alimónia non exhauriatur. De eo enim loquor, qui præest alicui múneri; ut si officium Sacerdótis geret, aut dispensatóris, ut de his súggerat Epíscopo, nec réprimat, si quem pósitum in necessitáte áliquâ cognóverit, aut dejectum ópibus ad inópiæ necessitátem redactum; máximè si non effusióne adolescéntiæ, sed direptióne alicújus, &

iij. LEÇON.

OR il y a différentes espéces de libéralité. Si c'en est une de fournir tous les jours aux pauvres de quoi soûtenir leur vie languissante, de donner chaque jour de sa propre substance aux indigens; c'en est une autre de pourvoir avec tant de prudence aux besoins des pauvres honteux, que les autres misérables ne manquent pas du nécessaire. Je parle sur-tout à ceux qui sont en autorité, & en particulier aux ministres de l'Eglise. S'ils sçavent quelqu'un dans le besoin, il faut qu'ils en avertissent l'Evêque, qu'ils l'instruisent de la misére où se trouvent réduits certains pauvres, qu'ils lui fassent connoitre ceux qui ne se sont pas réduits eux-mêmes en cet état par les déréglemens & les folles dépenses de leur jeunesse, mais qui n'y sont que par la perte & la deprédation de leurs héritages, qui les met dans l'impossibilité de fournir aux besoins de chaque jour. C'est encore une libéralité bien entendue de racheter les captifs, de délivrer des mains de leurs ennemis ceux qui sont menacés d'une mort prochaine, d'empêcher que les personnes du sexe ne prostituent leur honneur; de rendre les enfans à leurs parens, les peres à leurs enfans, & les citoyens à leur patrie.

amissióne patrimónii in eam reciderit injúriam, ut sumptum exercére diurnum non queat. Summa étiam liberálitas, captos redímere, erípere ex hóstium mánibus, subtráhere neci hómines, & máximè féminas turpitúdini; réddere paréntibus líberos, parentes liberis; cives pátriæ restitúere.

A VESP. Mém. des SS. Rufin & Valére, Mart.

LE XIV. JUIN.

Sermon de saint Ambroise Evêque.

Sermo sancti Ambrósii Epíscopi.

Du devoir des Minist. L. 2. c. 15. n. 71. 72.

ij. LEÇON.

C'Est une des principales œuvres de miséricorde de travailler au rachat des captifs, de ceux sur-tout qui sont entre les mains des barbares qui ne connoissent d'autre régle d'humanité & de compassion que leur avarice; de payer les dettes de ceux que la misére & la pauvreté extrême rendent insolvables; de se charger de l'éducation des enfans abandonnés; de prendre

PRæcípua est liberálitas redímere captívos, & máximè ab hoste bárbaro qui nihil déferat humanitátis ad misericórdiam, nisi quod avarítia serváverit ad redemptiónem; æs aliénum subíre, si débitor solvendo non sit, atque arctétur ad solutiónem, quæ sit jure débili & inópiâ destitúta ; enutríre párvulos, pupillos tuéri. Sunt étiam qui vírgines orbátas paréntibus, tuendæ pudicítiæ grátiâ, connúbio locent, nec solùm stúdio, sed étiam sumptu adjuvent. Est étiam genus illud liberalitátis quod Apóstolus docet : Ut si quis fidélis habet víduas, subministret illis, ut eárum alimóniis Ecclésia non gravétur; ut his quæ verè víduæ sunt, sufficiat. Utilis ígitur hujúsmodi liberálitas, sed non commúnis ómnibus. Sunt étiam plerique étiam viri boni, qui ténues sunt censu, contenti quidem exíguo ad suî usum, sed non idónei ad subsídium levandæ paupertátis aliénæ : tamen súppetit áliud beneficéntiæ ge-

la défense des pupiles & des orphelins. On trouve des personnes qui, pour conserver la chasteté des filles abandonnées de leurs parens, se chargent du soin de leur procurer des établissemens, & qui n'épargnent pas leurs biens pour y réussir : & on ne sçauroit trop approuver cette généreuse charité. Saint Paul nous fait encore connoitre un moyen d'éxercer la miséricorde. *Si un fidèle connoit des veuves qui soient dans le besoin*, dit-il, *qu'il leur fournisse leurs nécessités ; afin que l'Eglise ne soit pas surchargée, & qu'elle puisse suffire aux besoins des autres veuves.* Cette sorte de libéralité est bonne & louable, mais elle n'est pas pour tous. Il y a des personnes dont les revenûs sont si médiocres, qu'à peine suffisent-ils pour leur nécessaire le plus étroit : sans doute qu'on ne peut les obliger à donner aux pauvres des secours capables de les tirer de la misére ; mais au défaut des richesses & de l'aumône pécuniaire, en en combien de maniéres différentes ne peuvent-elles pas secourir & aider les misérables ?

nus, quo juváre póssint inferiórem.

iij. LEÇON.

Des SS. Valére & Rufin, au Bréviaire.

Mémoire de ces Saints à Laudes & à la Messe.

Mémoire de S. Gui Martyr, à Vêpres.

LE XV. JUIN.

Sermon de saint Ambroise Evêque.

Sermo sancti Ambrósii Epíscopi.

ij. LEÇON.

Du devoir des Minist. L. 2. c. 14. n. 73. 74. 75.

IL y a deux maniéres d'exercer la miséricorde corporelle : l'une consiste à donner de son argent pour soulager les misérables : l'autre, dont les occasions sont plus fréquentes, & souvent plus méritoires, consiste dans les œuvres & les bons offices. C'est ainsi qu'Abraham fut bien plus à louer d'avoir délivré son neveu lorsqu'il fut fait prisonnier de guerre, que s'il se fût contenté de le racheter. Ainsi Joseph fut bien plus utile à Pharaon par ses bons conseils, que s'il lui eût donné des sommes considérables : car cet argent, quelqu'abon-

Est duplex liberálitas : una quæ subsídio rei ádjuvat, id est, usu pecúniæ : áltera quæ óperum collatióne impénditur, multò frequenter splendídior, multòque clárior. Quantò illústriùs Abraham captum armis victrícibus recépit nepótem, quàm si redemisset ? Quantò utíliùs regem Pharaónem sanctus Joseph consílio providéntiæ juvit, quàm si contulisset pecúniam ? Pecúnia enim unius civitátis non redémit ubertátem ; prospiciéntia totius Ægypti per quinquénnium famem répulit. Fácilè autem pecúnia consúmitur, consilia exhauríri néfciunt. Hæc usu augentur : pecúnia minúitur, & citò déficit, atque ipsam destítuit benignitátem ; ut quò plúribus largíri volúeris, eò pauciores ádjuves, & sæpè tibi desit quod áliis conferendum putáveris. Consílii autem operisque collátio, quò in plures diffúnditur, eò redundántior manet, & in suum fontem recurrit. In se enim réfluit ubertas prudéntiæ : & quò plúribus flúxerit, eò exercítius fit omne quod rémanet.

dant qu'il eût pû être, n'eût pas été suffisant pour rétablir l'abondance dans une seule ville ; au lieu que les conseils & la prévoyance de ce Patriarche affranchirent pendant cinq ans toute l'Egypte des suites d'une famine extrême. D'ailleurs l'argent est bien-tôt épuisé ; les bons conseils sont au contraire inépuisables : l'usage de ceux-ci les multiplie ; celui de l'argent le détruit, & par contre-coup la miséricorde même. Car plus vous voulez soulager de pauvres par vos largesses, moins souvent vous en soulagez véritablement, vos fonds bien-tôt épuisés vous mettant hors d'état de pourvoir aux besoins présens & futurs des autres pauvres. Les œuvres au contraire, les bons offices, les conseils sages deviennent d'autant plus utiles & abondans, qu'ils sont communs à plus de personnes, parce qu'ils retournent toujours à leur source. C'est le propre de la vraie sagesse de se multiplier elle-même, & de se rendre d'autant plus féconde qu'elle paroît s'épuiser davantage.

iij. LEÇON.

De S. Gui Martyr, au Bréviaire.

Mémoire de ce Saint à Laudes & à la Messe.

A VESPRES, Mémoire des SS. Fargeau & Fergeon Martyrs, & des SS. Cyr & Julitte aussi Martyrs.

LE XVI. JUIN.

Sermon de saint Jean Chrysostome.

Homélie 20. sur S. Matthieu.

ij. LEÇON.

ECoutons Jesus-Christ qui nous dit : Ne vous faites point de tresors sur la terre. Mais, me direz-vous peut-être, que me sert-il d'entendre ce que Jesus-Christ me dit, puisque je suis toujours dominé par la passion de l'avarice ? Je vous répondrai, qu'en continuant à écouter la parole de Dieu, elle vous délivrera enfin cette parole d'une passion si honteuse ; ou que si vous y demeurez toujours attaché, il faut que vous conveniez qu'il y a en vous quelque chose qui est plus qu'une passion, qu'un desir. Car pût-on jamais désirer d'être esclave, d'être assujetti à un tyran, d'être environné

Sermo sancti Joannis Chrysostomi.

AUdiámus Christum monentem ac dicentem : Nolíte thesaurizáre vobis thesauros in terra. Et quid mihi próderit doctrínam audíre, cùm à cupiditáte detínear ? Sanè quidem frequens doctrínæ audítus cupiditátem dissólvere póterit. Quòd si detentus permáneas, cógita rem illam non esse ámpliùs cupiditátem. Quæ enim cupíditas, duríssimæ servitúti esse subjectum, tyránnidi subjacére, & úndique alligári, in ténebris versari, & tumultu plenum esse, labóres ferre infructuósos; áliis pecúnias serváre, sæpè autem inimícis? Quâ ergo hæc concupiscéntiâ digna sunt? Imò quâ non fugâ & cursu sunt relinquenda? Quæ concupiscéntia thesauros inter fures recóndere? Si enim omnino divítias concupiscis, illas eò transfer, ubi possunt tutæ & integræ manére. Certè quæ nunc facis, non sunt concupiscentis pecúnias, sed servitútem, damna, mulctas, doloremque perpétuum. Si quis tibi homo locum in terra inviolábilem osténderet, etiamsi te in desertum edúceret promittens pecúniis tuis securitátem, non cunctaréris, neque recusáres; sed pecúnias

& chargé de chaînes pésantes, de languir dans les ténébres, d'avoir toujours l'esprit agité & déchiré, de souffrir mille peines sans aucun fruit; de conserver avec inquiétude ses biens pour d'autres, souvent même pour ses plus grands ennemis? Qu'y a-t'il en cela qu'un homme raisonnable puisse désirer, & qu'il ne doive pas fuir au contraire avec aversion & avec horreur? Peut-on désirer raisonnablement de mettre son tresor en un lieu exposé à tous les voleurs? Si vous aimez votre argent, mettez-le en un lieu où il ne puisse être dérobé. Mais vous agissez en cela d'une telle sorte, qu'il semble que vous ne désiriez pas tant d'être riche que d'être esclave, que d'être misérable, que d'être toujours dans le chagrin & dans l'ennui. Si quelqu'un vous montroit un lieu assuré où vos tresors pussent être gardés, sans que vous eussiez aucun sujet de crainte, vous n'hésiteriez pas, & vous suivriez cet homme jusque dans le desert le plus affreux. Hélas! Dieu vous offre cette sûreté, non au fond d'un desert, mais dans le ciel ; & vous ne voulez pas l'écouter. Mais je veux que vos tresors soient ici-bas dans une sûreté entiére ; du moins avouez que vous ne pouvez être à leur égard sans quelque inquiétude. Vous pouvez bien ne les perdre pas : mais pouvez-vous ne point craindre de les perdre ? Or que pouvez-vous craindre après l'assurance que vous donne un Dieu ? Non-seulement votre or sera en sûreté ; mais il profitera, mais il se multipliera entre ses mains. Le même argent sera en même temps pour vous un tresor & une semence. Que dis-je ? vous y trouverez encore quelque chose de plus : car la semence ne demeure plus à celui qui l'a semée ; mais votre tresor vous demeurera toujours. Un tresor ne produit rien dans la terre, & ne germe pas : mais celui-ci produit des fruits qui ne périront jamais. Puis donc qu'il nous reste encore du temps, faisons-nous un tresor de confiance : mettons tout

ibi cum fidúcia depóneres. Deo autem, non hómine, id tibi promittente, nec desertum, sed cœlum proponente, contrária áccipis. Quanquàm, etiamsi tutissimè jáceant repósitæ, tu nunquam sollicitúdine vácuus esse possis. Etiamsi enim non perdas, nunquam à sollicitúdine liberáberis. Illîc autem nihil prorsus tale patiéris ; atque, quod est majus, aurum non défodis tantùm, sed séminas. Idipsum enim est & thesaurus & semen, imò utróque majus. Semen quippe non manet semper ; ille verò thesaurus manet perpétuò. Rursum, thesaurus hic non gérminat ; ille verò immortáles tibi fructus parit. Donec igitur tempus habémus, multam nobis patémus fidúciam: ómnia transferámus in cœlum; ut in opportúno témpore, quo máximè his egémus, ómnibus fruámur, grátiâ & benignitáte Dómini nostri Jesu Christi, cui glória & impérium nunc & semper, & in sécula seculórum. Amen. Tu autem.

en dépôt dans le ciel; afin que lorsque nous serons dans le besoin, nous le retrouvions pour en jouir éternellement par la grace & la miséricorde de notre Seigneur Jesus-Christ, à qui appartient toute gloire & tout empire, maintenant, & toujours, dans les siécles des siécles. Amen. Et vous, Seigneur, &c.

iij. LEÇON. *De S. Fargeau & de S. Fergeon, au Bréviaire; des deux n'en faisant qu'une.*

A LAUDES & A LA MESSE, *Mémoire des SS. Fargeau, Fergeon, Cyr & Julitte.*

LES VESPRES *de l'Octave, comme aux premières Vêpres de la Fête, avec Mémoire des saints Fargeau & Fergeon Martyrs, & de S. Avit Abbé.*

A COMPLIES, *comme la Veille de S. Landry.* *51.*

LE XVII. JUIN.

L'OCTAVE DE S. LANDRY.

Double-majeur.

Si cette Octave concoure avec celle de la Fête-Dieu, on n'en fait que Mémoire à tout l'Office du jour de l'Octave du S. Sacrement.

L'Office comme au jour de la Fête, excepté ce qui suit.

On retranche tout ce qui est du Rit annuel. Les Pseaumes de la Férie à tout l'Office.

AU I. NOCTURNE.

Les Leçons de l'Ecriture occurrente.

AU II. NOCTURNE.

Sermon de saint Ambroise Evêque.

Du devoir des Minist. L. 2. c. 28. n. 136. 137.

iv. LEÇON.

LOrsque la charité pour les misérables est dans un cœur, elle lui inspire d'abord le desir de compatir aux besoins des autres, de les aider selon son pouvoir, & souvent même au-delà de ses forces. Et en effet n'est-il pas plus gracieux d'être calomnié & attaqué à cause des excès de charité, que de mériter le reproche de cruauté & d'inhumanité? C'est ainsi qu'on nous a fait à nous-mêmes un crime d'avoir brisé les vases sacrés pour le rachat des captifs: les Ariens nous l'ont reproché, non parceque c'est une chose digne d'animadversion, mais parcequ'ils trouvoient en cette bonne œuvre même matiére de contenter leur envie contre nous. Et qui est-ce en

Sermo sancti Ambrósii Epíscopi.

HOc máximum incentívum misericórdiæ, ut compatiámur aliénis cupiditátibus, necessitátes aliórum, quantùm póssumus, juvémus; & plùs interdùm quàm póssumus. Mélius est enim pro misericórdia causas præstáre, vel invídiam pérpeti, quàm præténdere inclemén- tiam; ut nos aliquando in invídiam incídimus, quòd confrégerimus vasa mystica, ut captivos redimerémus, quod Ariánis displicére potúerat; nec tam factum displicéret, quàm ut esset quod in nobis reprehenderétur. Quis autem est tam durus, immítis, férreus, cui displiceat quod homo redimitur à morte, fémina ab impuritátibus barbarórum, quæ gravióres morte sunt; adolescéntulæ, vel puéruli, vel infantes ab idolórum contágiis, quibus mortis metu inquinabantur? Quam ob causam nos etsi non sine ratióne áliquâ géssimus; tamen ita in pópulo prosecúti sumus, ut confiterémur, multóque fuisse commódius astruerémus, ut ánimas Dómino quàm aurum servarémus.

effet qui seroit assez dur, assez barbare, assez inhumain pour oser trouver mauvais qu'on arrache à la mort des hommes qui n'ont d'autres crimes que d'être malheureux; de délivrer des personnes du sexe des insultes que des barbares voudroient faire à leur honneur, insultes mille fois plus insupportables pour elles que la mort même; & délivrer de jeunes personnes de l'un & l'autre sexe de la dure nécessité où la crainte de la mort les réduisoit de rendre à des idoles des honneurs sacriléges? C'est pourquoi, quoique nous ne nous fussions pas conduits en cette rencontre sans y avoir bien réfléchi, nous avons été bien-aise de faire connoitre à notre peuple les raisons qui nous avoient fait agir, & nous déclarâmes hautement que nous aimions mieux conserver à Dieu des ames que de l'argent.

V. LEÇON.

QUi sine auro misit Apóstolos, Ecclésias sine auro con-

LE même qui envoya autrefois ses Apôtres sans argent pour prêcher

l'Evangile, a formé luimême les Eglises sans le secours des richesses. Aussi si l'Eglise a des biens, ce n'est pas pour en former des tresors, mais pour en soulager les misérables. Et à quoi bon garder ce qui ne sert de rien? Avons-nous oublié quel butin les Assyriens firent autrefois dans le temple de Jérusalem? Les Prêtres du Seigneur n'ont-ils pas raison de briser eux-mêmes les vases sacrés pour soulager les pauvres, lorsqu'on ne peut autrement subvenir à leurs besoins, que de les laisser toucher & briser par les mains sacriléges des soldats? S'ils en agissoient autrement, le Seigneur ne leur demanderoit-il pas compte un jour de la mort de tant de pauvres? Vous aviez, leur diroit-il, de l'or en réserve; pourquoi donc leur avez-vous refusé le pain dont ils avoient un pressant besoin? Pourquoi avez-vous laissé vendre & trafiquer tant de captifs? pourquoi les avez-vous laissé mourir de misére, plutôt que de les

gregávit. Aurum Ecclésia habet, non ut servet, sed ut éroget & subvéniat in necessitátibus. Quid opus est custodíre quod nihil ádjuvat? An ignorámus quantum auri atque argenti de templo Dómini Assyrii sustúlerint? Nonne mélius conflant Sacerdótes propter alimóniam páuperum, si ália subsídia desint, quàm ut sacrílegus contamináta asportet hostis? Nonne dictúrus est Dóminus: Cur passus es tot ínopes fame mori? Et certè habébas aurum, ministrasses alimóniam. Cur tot captivi deducti in commércio sunt, nec redempti ab hoste occisi sunt? Mélius fúerat ut vasa vivéntium serváres quàm metallórum. His non posset responsum referri.

Quid enim díceres: Tímui ne templo Dei ornátus deesset? Respondéret: Aurum Sacramenta non quærunt; neque auro placent, quæ auro non emuntur.

racheter? Ne valoit-il donc pas mieux conserver des vases vivans au Seigneur, que des métaux? Qu'auroient-ils alors à répondre? Diront-ils qu'ils appréhendoient de laisser les temples sans ornemens? On leur répondra que les Sacremens n'ont pas besoin de l'or pour être respectables & précieux; que ce qui ne se vend pas à prix d'argent, ne peut tirer de mérite de l'or ni de l'argent.

vj. LEÇON.

ORnátus Sacramentórum redémptio captivórum est. Verè illa sunt vasa pretiósa, quæ rédimunt ánimas à morte. Ille verus thesaurus est Dómini, qui operátur quod sanguis ejus operátus est. Tunc vas Domínici sánguinis agnóscitur, cùm in utróque víderit redemptiónem, ut calix ab hoste rédimat quos sanguis à peccáto rédimit. Quàm

ON ne peut mieux honorer nos mystéres sacrés, qu'en les faisant servir au rachat des captifs. Jamais vases ne furent plus précieux, que ceux qui servent à délivrer les ames de la mort. Un tresor qui sert au même usage que le sang du Seigneur, peut être à juste titre appellé le tresor du Seigneur. Car on ne peut mieux reconnoitre un vase propre à contenir le sang du Seigneur, que lorsqu'on y remarque une double rédemption, laquelle est effectivement telle, lorsque ce calice rachete de l'ennemi ceux que le sang a rachetés du peché. Qu'il est grand, qu'il est glorieux, lorsqu'on voit une troupe de captifs rachetés par l'Eglise, de pouvoir dire avec assurance : Voici ceux que Jesus-Christ a rachetés! Voilà véritablement un or à l'épreuve, voilà l'or utile, voilà l'or de Jesus-Christ qui délivre de la mort, qui conserve la pudeur, défend la chasteté. Or, mon peuple, voilà ces enfans que j'ai mieux aimé vous conserver, que de l'or périssable. Ce nombre de captifs, cette multitude de misérables rachetés n'est-elle donc pas plus précieuse que les vases les plus magnifiques ? Et à quel plus noble usage pouvoit être employé l'or du Rédempteur, qu'à racheter ceux qui étoient sur le point de périr ? Je reconnois à ces marques, que le sang du Sauveur n'a pas seulement coulé dans ces vases ; mais j'y remarque les effets de son efficacité & de sa puissance toute divine.

pulcrum ut, cùm ágmina captivórum ab Ecclésia redimuntur, dicátur : Hos Christus redémit ! Ecce aurum quod probari potest, ecce aurum útile, ecce aurum Christi quod à morte liberat, ecce aurum quo redímitur pudicítia, servátur cástitas. Hos ergo málui vobís líberos trádere quàm aurum reserváre. Hic númerus captivórum, hic ordo præstántior est, quàm spécies poculórum. Huic múneri profícere débuit aurum Redemptóris, ut redímeret periclitantes. Agnosco infúsum auro sanguinem Christi non solùm irrutilasse, verùm étiam divínæ operatiónis impressisse virtútem redemptiónis múnere.

AU III. NOCTURNE.

Léctio sancti Evangélii secundùm Lucam.

Lecture du saint Evangile selon S. Luc. *Chap.* 12.

vij. LEÇON.

IN illo témpore; Dixit Dóminus Petro: Quis, putas, est fidélis dispensátor & prudens, quem constituit dóminus super famíliam suam, ut det illis in témpore trítici mensúram? Et réliqua.

EN ce temps-là; Le Seigneur dit à Pierre: Quel est l'économe prudent & fidéle que son maître a établi sur sa maison, pour distribuer à chacun la mesure du bled dont il a besoin? Et le reste.

Homília sancti Ambrósii Epíscopi.

Homélie de S. Ambroise Evêque.

L. 2. des Offic. c. 16. n. 76. 77.

LIquet debére esse liberalitátis modum, ne fiat inútilis lárgitas. Sobríetas tenenda est, máximè Sacerdótibus; ut non pro jactántia, sed pro justítia dispensent. Nusquam enim major avíditas petitiónis. Véniunt válidi, véniunt nullam causam nisi vagandi habentes, & volunt subsídia evacuáre páuperum, exinaníre sumptum; nec

IL est évident qu'il doit y avoir de la discrétion dans l'éxercice de la charité, afin que l'aumône ne soit pas inutile. On doit y garder toutes les régles de la prudence, sur-tout les Prêtres; afin qu'on ne s'écarte point de la justice pour donner quelque chose à la vaine gloire. Jamais on ne vit plus de mendians que de nos jours: on en voit qui se portent bien, qui n'ont d'autre raison de demander que l'habitude & la fainéantise, & qui cependant voudroient qu'on épuisât en leur faveur les tresors des pauvres. Ils ne sont jamais contens des secours ordinaires, il leur en faut d'extraordinaires: ils croient en imposer par la propreté de leurs habits, par un faux étalage de leur prétendue noblesse, & se flatent d'attirer par-là des aumônes plus considérables. Si on veut les écouter, il sera aisé d'épuiser en faveur d'un seul homme des fonds capables de nourrir une multitude de familles. Il faut se faire une régle, ensorte qu'on donne quelque chose à ces faux pauvres, & qu'on ménage en même temps aux véritables des secours proportionnés à leurs besoins. En un mot soyons humains sans être prodigues; charitables, mais avec discrétion & prudence. C'est en suivant cette régle qu'on n'est ni avare ni prodigue. On n'a pas seulement des oreilles pour entendre le récit des miséres des pauvres, mais encore des yeux pour en faire l'examen; & alors on est plus sensible à la foiblesse, à l'impuissance, & aux

exiguo contenti majóra quærunt, ámbitu véstium captantes petitiónis suffrágium, & natálium simulatióne licitantes incrementa quæstuum. His si quis fácilè déferat fidem, citò exhaurit páuperum alimóniis profutúra compéndia. Modus largiendi adsit, ut nec illi inánes recédant, neque transcribátur vita páuperum in spólia fraudulentórum. Ea ergo mensúra sit, ut neque humánitas deserátur, neque destituátur necéssitas. Itaque qui modum servat, avárus nulli, sed largus ómnibus est. Non enim solas aures præbére debémus audiendis precantium vocibus, sed étiam óculos considerandis necessitátibus. Plus clamat operatóri bono debilitas, quàm vox páuperis. Neque verò fieri potest ut non extórqueat ámpliùs importúnitas vociferántiū; sed non semper impudéntiæ locus sit.

vrais maux des pauvres qu'à leurs discours. Il est vrai qu'il est bien difficile de résister à une importunité qui ne se rebute de rien ; mais du moins ne doit-on jamais rien accorder à l'impudence.

viij. LEÇON.

Videndus est ille, qui te non videt: requirendus ille, qui erubescit vidéri. Ille étiam clausus in cárcere occurrat tibi ; ille affectus ægritúdine mentem tuam pérsonet, qui aures non potest. Quò plus te operári víderit pópulus, magìs díliget. Scio plerosque Sacerdótes quò plus contulérunt, plus abundasse ; quóniam quicumque bonum operárium videt, ipsi confert quod ille suo officio dispenset, secúrus quod ad páuperem sua pervéniat misericórdia : nemo enim vult,

IL faut voir le pauvre qui ne vous voit pas : il faut chercher celui qui n'ose se montrer. Allez à celui qui est dans les fers: visitez celui qui est malade, & ne peut vous faire autrement entendre ses cris. Plus on vous verra ainsi appliqué à ces bonnes œuvres, plus on vous estimera. J'ai connu des Prêtres qui plus ils donnoient, plus ils recevoient; parceque dès-lors qu'on connoit un fidéle économe, on lui confie volontiers ses aumônes, assuré que l'on est qu'elles passeront sans diminution dans les mains des pauvres, pour lesquels on veut bien se cottiser. On méprise au contraire quiconque est imprudent ou avare dans ses aumônes, c'est-à-dire, qui distribue en des largesses indiscrétes les charités des autres, ou qui ne les dispense qu'avec peine, ou les conserve dans des sacs. S'il faut mettre des bornes à la trop grande générosité de quelques-uns, il faut presser les autres. Pour vous, faites ce que vous faites de maniére à être en état de le faire chaque jour : ne vous refusez pas au besoin : ne soyez pas trop généreux sans nécessité ; & persuadez-vous que votre argent est mieux employé à acheter du pain aux pauvres, qu'à être enfermé dans des coffres. Prenez garde sur-tout de ne pas resserrer dans votre bourse le salut des pauvres, & de faire pour l'indigent un tombeau dans votre gousset.

nisi páuperi proficere suam collatiónem. Nam si quem aut immoderátum aut nimis tenácem dispensatórem víderit, utcumque despíciet : si aut supérfluis erogatiónibus díssipet aliéni fructus labóris, aut recondat sácculis. Sicut ígitur modus liberalitátis tenendus est, ita étiam calcar plerumquè adhibendum vidétur. Modus ideò, ut quod bene facis, quotídie fácere possis; ne súbtrahas necessitáti, quod indúlseris effusióni: calcar proptéreà, quia méliùs operátur pecúnia in páuperis cibo, quàm in divitis sácculo. Cave ne intrà lóculos tuos inclúdas salútem ínopum, & tanquam in túmulis sepélias vitam páuperum.

IX. LEÇON.

De S. Avit, au Bréviaire.

A LAUDES, *Cantique de la Féte. Mémoire de S. Avit.*

A LA MESSE, *comme le jour de la Fête, excepté l'Evangile suivant.*

Sequéntia sancti Evangélii secundùm Lucam.

IN illo témpore; Dixit Dóminus Petro: Quis, putas, est fidélis dispensátor & prudens, quem constituit dóminus supra famíliam suam, ut det illis in témpore trítici mensúram? Beátus ille servus, quem, cùm vénerit dóminus, invénerit ita faciéntem. Verè dico vobis, quóniam supra ómnia quæ póssidet, constítuet illum. Quòd si díxerit servus ille in corde suo: Moram facit dóminus meus veníre; & cœperit percútere servos & ancillas, & édere, & bíbere & inebriári: véniet dóminus servi illíus in die quâ non sperat, & horâ quâ

Suite du saint Evangile selon saint Luc. *Chap. 12.*

EN ce temps-là; Le Seigneur dit à Pierre: Qui est le dispensateur fidéle & prudent que le maitre a établi sur ses serviteurs, pour distribuer à un chacun dans le temps la mesure de bled qui lui est destinée? Heureux ce serviteur que son maitre à son arrivée trouvera agissant de la sorte. Je vous dis en vérité, qu'il l'établira sur tous les biens qu'il posséde. Mais si ce serviteur dit en lui-même: Mon maitre n'est pas prêt de venir, & qu'il commence à battre les serviteurs & les servantes, à manger, à boire, & à s'enyvrer; le maitre de ce serviteur viendra au jour qu'il ne s'y attend pas, & à l'heure qu'il ne sçait pas, & il le retranchera de sa famille, & lui donnera pour partage d'être puni avec les infidéles. Le serviteur qui aura sçu la volonté de son maître, & qui néanmoins ne se sera pas enu prêt, & n'aura pas fait ce qu'il désiroit de lui, sera battu rudement: mais celui qui n'aura pas sçu sa volonté, & qui aura fait des choses dignes de châtiment, sera moins battu. On redemandera beaucoup à celui à qui on aura beaucoup donné; & on fera rendre un plus grand compte à celui à qui on aura confié plus de choses. Je crois.

nescit; & dividet eum, partemque ejus cum infidélibus ponet. Ille autem servus qui cognóvit voluntátem dómini sui, & non fecit secundùm voluntátem ejus, vapulábit multis; qui autem non cognóvit, & fecit digna plagis, vapulábit paucis. Omni autem cui multum datum est, multum quærétur ab eo; & cui commendavérunt multum, plus petent ab eo. Credo.

A VESPRES, *Mémoire de sainte Marine.*

A COMPLIES, *comme hier.*

***** *************** ******

XXIV. JUIN.

LA NATIVITE' DE S. JEAN-BAPTISTE.

Grand-solemnel.

L'Office comme au Bréviaire, excepté ce qui suit.

A COMPLIES, *Pseaumes de la Férie.*

Ant. Cet enfant sera Nazaréen, consacré à Dieu dès son enfance, & depuis le ventre de sa mere jusqu'à sa mort.

Ant. Erit puer Nazaræus Dei ab infántia sua, ex útero matris suæ usque ad diem mortis suæ. *Judic.* 13.

A l'Hymne on dit la Doxologie suivante :

Qui mittis Angelum tuum,
Jesu, tibi sit glória
Cum Patre, cumque Spíritu,
In sempiterna sécula,
Amen.

Gloire vous soit rendue, ô Jesus, qui envoyez devant vous votre Ange ; & soyez honoré avec le Pere & le saint Esprit dans tous les siécles des siécles.
Amen.

Elle se dit toute l'Octave aux Hymnes de même mesure, lorsqu'on fait de l'Octave.

A Nunc dimittis.

Ant. Ipse incipiet liberáre Israel. Allelúia. *Judic.* 13

Ant. Il commencera l'ouvrage de la rédemption d'Israel. Alleluia.

A L'OFFICE DE LA NUIT.

Les Pseaumes du Dimanche.

AU I. NOCTURNE.

De Isaïa Prophéta.

Du Prophéte Isaïe.

i. LEÇON. *Chap.* 40.

VOx clamantis in deserto : Paráte viam Dómini, rectas fácite in solitúdine sémitas Dei nostri. Omnis vallis exaltábitur, & omnis mons & collis humiliábitur : & erunt prava in directa, & áspera in vias planas. Et revelábitur glória Dómini, & vidébit omnis

ON a entendu la voix de celui qui crie dans le desert : Préparez la voie du Seigneur ; rendez droits dans la solitude les sentiers de notre Dieu. Toutes les vallées seront comblées : toutes les montagnes & les collines seront abbaissées : les chemins tortus seront redressés ; ceux qui étoient raboteux, seront applanis. Et la gloire du Seigneur se manifestera, & toute chair verra en même temps, que c'est la bouche du Seigneur qui a parlé.

caro páriter quòd os Dómini locútum est.

Du Prophéte Jérémie.

II. LEÇON.

LE Seigneur m'adressa sa parole, & me dit : Je vous ai connu avant que je vous eusse formé dans les entrailles de votre mere. Je vous ai sanctifié avant que vous fussiez sorti de son sein ; & je vous ai établi Prophéte parmi les nations. Je lui dis : A, a, a, Seigneur mon Dieu ; vous voyez que je ne sçais point parler, parceque je ne suis qu'un enfant. Le Seigneur me dit : Ne dites point : Je suis un enfant; car vous irez par-tout où je vous enverrai ; & vous porterez toutes les paroles que je vous commanderai de dire. Ne craignez point de paroitre devant ceux à qui je vous enverrai ; parceque je suis avec vous, pour vous délivrer, dit le Seigneur. Alors le Seigneur étendit sa main, toucha ma bouche, & me dit : Je mets présentement mes paroles dans votre bouche. Je

De Jeremía Prophéta.

Chap. I.

FActum est verbum Dómini ad me, dicens : Priusquàm te formárem in útero, novi te ; & ántequàm exíres de vulva, sanctificávi te, & Prophétam in géntibus dedi te. Et dixi : A, a, a, Dómine Deus ; ecce néscio loqui, quia puer ego sum. Et dixit Dóminus ad me : Noli dícere : Puer sum ; quóniam ad ómnia, quæ mittam te, ibis ; & universa quæcumque mandávero tibi, loquéris. Ne tímeas à fácie eórum ; quia tecum ego sum, ut éruam te, dicit Dóminus. Et misit Dóminus manum suam, & tétigit os meum ; & dixit Dóminus ad me :

Ecce dedi verba mea in ore tuo; ecce constítui te hódie super gentes, & super regna, ut evellas & déstruas, & disperdas & dissipes, & ædifices & plantes.

vous établis aujourd'hui sur les nations & sur les royaumes, pour arracher & pour détruire, pour perdre & pour dissiper, pour édifier & pour planter.

De Malachía Prophéta.

Du Prophéte Malachie.

III. LEÇON. *Cap.* 4.

ORiétur vobis timéntibus nomen meum Sol justítiæ, & sánitas in pennis ejus; & egrediémini, & saliétis sicut vituli de armento. Et calcábitis ímpios, cùm fúerint cinis sub planta pedum vestrórum, in die quâ ego fácio, dicit Dóminus exercítuum. Mementóte legis Móysi servi mei, quam mandávi ei in Horeb ad omnem Israel, præcepta & judícia. Ecce ego mittam vobis Elíam Prophétam, ántequàm véniat dies Dómini ma-

LE Soleil de justice se levera pour vous, qui avez une crainte respectueuse pour mon nom; & vous trouverez votre salut sous ses ailes. Vous sortirez alors, & vous tressaillerez de joie, comme les jeunes bœufs d'un troupeau bondissent sur l'herbe. Vous foulerez aux pieds les impies, lorsqu'ils seront devenus comme la cendre sous la plante de vos pieds, en ce jour où j'agirai moi-même, dit le Seigneur des armées. Souvenez-vous de la loi de Moyse mon serviteur, que je lui ai donnée sur la montagne d'Horeb, afin qu'il portât à tout le peuple d'Israel mes préceptes & mes ordonnances. Je vous enverrai le Prophéte Elie, avant que le grand & épouvantable jour du Seigneur arrive : & il réunira le cœur des peres avec leurs enfans, & le cœur des enfans avec leurs peres ; de peur qu'en venant je ne frape la terre d'anathême.

gnus & horribilis : & convertet cor patrum ad filios, & cor filiórum ad patres eórum ; ne fortè véniam, & percútiam terram anathémate.

A LAUDES.

Pseaumes du Dimanche ; le reste au Bréviaire.

AUX HEURES, Pseaumes du Dimanche.

A PRIME.

Au ℟. *bref.* ℣. Qui avez donné à celui qui étoit votre voix, une voix forte & puissante.

Au ℟. *br.* ℣. Qui dedisti voci tuæ vocem virtútis.

CANON.

Du Concile d'Agde.

Ex Concílio Agathensi.

Année 506. Can. 21.

SI quelqu'un veut avoir à la campagne un Oratoire séparé de l'Eglise Paroissiable qui est le lieu naturel de l'assemblée légitime des Fidéles, pour y entendre la Messe les Jours de Fêtes ordinaires, pour la commodité de sa famille, eu égard à l'éloignement de l'Eglise Paroissiale, on peut le lui permettre : mais on l'o-

SI quis étiam extra Paróchias in quibus legitimus est ordinariusque conventus, oratórium in agro habére volúerit, réliquis festivitatibus, ut ibi Missas téneat, propter fatigatiónem famíliæ, juxta ordinatiónem permíttimus : Pascha verò, Natále Dómini, Epiphánia, Ascensiónem Dómini, & Natálem sancti Joannis Baptistæ, vel si qui máximi dies in festivitátibus habentur, non nisi in civitátibus aut in Paróchiis téneant.

bligera de passer dans la ville, ou de venir à la Paroisse les jours de Pâque, de Noel, de l'Epiphanie, de la Nativité de S. JEAN-BAPTISTE, & les autres jours de Fêtes solemnelles.

A LA MESSE.

PROSE.

JOANNES cœléstia
Terris infert gáudia,
Vates vatum máximus.

SINU prodit stérili,
Christo, sorte nóbili,
Ceu vox verbo próximus.

PRÆCO Dei náscitur,
Lætus & exóritur,
Pulsis umbris, Lúcifer.

INTRA matris víscera
Núntiat jam próspera
Ducis novi signifer.

LA naissance de Jean, le plus grand des Prophétes apporte sur la terre une joie toute céleste.

Né d'une mere stérile, il prévient par sa naissance celle de Jesus-Christ, comme étant la voix du Verbe divin: fut-il jamais avantage plus solide ?

Il est le Prédicateur & le Précurseur de Dieu même : c'est l'aurore qui chasse les ténébres de la nuit.

Il fait les fonctions de Prophéte dès le ventre de sa mere: déja il montre au monde celui qui en est le Sauveur.

Gabriel descendu du ciel, & se tenant debout à côté de l'Autel avoit annoncé sa venue.

Emissus à súperis,
Aræ stans in déxteris,
Gábriel promíserat.

Son pere ne pouvant croire de si grandes merveilles, en punition de son incrédulité avoit perdu l'usage de la parole.

Pater fide dúbiâ
Ad tanta prodígia,
Stupens obmutúerat.

Mais, ô prodige! il veut écrire sur des tablettes le nom qu'on donnera à son fils; & dans le même moment il recouvre l'usage de la parole.

Magno sed consílio,
Nomen scribens filio,
Senis lingua sólvitur.

Quel pensez-vous que sera dans la suite cet enfant, dont la naissance est accompagnée de tant de merveilles?

Quam felix primórdiis,
Quàm sacris officiis,
Puer iste náscitur?

Dès sa plus tendre enfance, cette aurore mystérieuse qui annonçoit le temps de la grace, est enlevée au monde & ensevelie dans un desert affreux.

Hunc, auróram grátiæ,
Nox specûs impérviæ,
Velat ab infántia.

Son vétement est un tissu de poil de chameau, sa vie est dure & austére: il ne vit que de miel sauvage.

Hirta veste tégitur,
Escâ vili páscitur,
Mella gustat óbvia.

Plein de l'Esprit de Dieu, après avoir gardé dans la solitude un silence profond pendant trente années, il fait tout-à-coup entendre sur les bords du Jourdain une voix forte & puissante.

Plenus alto númine,
Qui per antra siluit,
In Jordánis flúmine
Tuba grandis sónuit.

REDEMPTORIS vérticem
Servus tremens ábluit,
Per hunc patet índicem
Agnus qui nos díluit.

AD Sponsi præséntiâ
Amans gaudet óptimus,
Christo servat glóriam
Testis fidelíssimus.

HÆC lucerna férvidis
Quàm flagrat ardóribus,
Tam coruscat spléndidis
Undique fulgóribus.

INTER natos non surrexit
Isto major, qui diréxit
Summo vias Príncipi.

SYLVIS clamat: plebs parátur,
Et divínum se lætátur
In fœdus mox récipi.

CHRISTO præis qui nascendo,
Fac nos ire subsequendo
Tua per vestígia.

Pénetré d'un saint respect, il ne verse qu'en tremblant l'eau sur la tête de son Sauveur : il montre de son doigt l'Agneau qui efface les pechés du monde.

Fidéle ami de l'Epoux, il se réjouit de sa présence : témoin constant & fidéle, il travaille à faire honorer Jesus-Christ.

Que les feux de cette lampe sont ardens ! La vivacité de sa lumiére ne céde en rien à sa chaleur.

Entre les enfans des femmes il n'en fut point de plus grand que ce Précurseur du Messie.

A peine ouvre-t-il la bouche dans le desert, que les peuples courent en foule à ses discours ; heureux de pouvoir rentrer en grace avec le Seigneur.

O vous, qui par votre naissance préparez la voie à Jesus-Christ, obtenez-nous la grace de marcher constamment sur vos traces.

Vous

Vous avez reçu des éloges de la bouche de la Vérité même : vous êtes en possession d'une gloire immortelle. Rendez-nous donc par votre puissante intercession l'Agneau divin favorable.

Amen.

AGNUM præbe jam placátum,
Tu, præ cunctis quem laudátum
Ingens ornat glória.
Amen.

PRÉFACE.

IL est véritablement juste & raisonnable, il est équitable & salutaire de vous rendre graces toujours & en tout lieu, ô Seigneur très-saint, Pere tout-puissant, Dieu éternel; Qui nous avez comblés de joie par la naissance du Précurseur de votre Fils unique. Il fut une lampe ardente & luisante. Il est cet Elie qui devoit venir : il est le plus grand des enfans des femmes, selon le témoignage que lui a rendu Jesus-Christ lui-même votre Fils, & notre Sauveur ; ce même Jesus par qui les Anges louent votre Majesté suprême, par qui les Dominations l'adorent, par qui les Puissances la craignent & la révérent ; les Cieux & les Vertus des

VErè dignum & justum est, æquum & salutáre, nos tibi semper & ubíque grátias ágere, Dómine sancte, Pater omnípotens, ætérne Deus; Qui nos de Præcursóris Unigéniti tui nativitáte gaudére fecisti. Ipse enim fuit lucerna ardens & lucens : ipse est Elias ventúrus : ipse est quo inter natos mulíerum nullus major, affirmante Unigénito tuo Servatóre nostro; Per quem majestátem tuam laudant Angeli, adórant Dominatiónes, tremunt Potestátes; Cœli cœlorumque Virtútes, ac beáta Séraphim, sóciâ exultatióne concélebrant. Cum quibus & nostras voces, ut admitti júbeas deprecámur, súpplici confessióne dicentes : Sanctus.

Cieux, & la troupe bienheureuse des Séraphins célébrent ensemble votre gloire dans les transports d'une sainte joie. Daignez souffrir, Seigneur, que nous unissions nos voix à celles de ces Esprits bienheureux, pour chanter avec eux, prosternés devant vous : Saint.

AUX II. VESPRES.

Ps. 109. Dixit Dóminus. *Ps.* 111. Beátus vir qui timet. *Ps.* 112. Laudáte, púeri, Dóminum. *Ps.* 130. Dómine, non est exaltátum. *Ps.* 131. Memento. *avec sa division.*

On fait Mémoire des saints Martyrs Agoard & Aglibert.

A COMPLIES.

Pseaumes du Dimanche.

Ant. Joannes venit in testimónium, ut testimónium perhibéret de lúmine. *Jean*, 1.

Ant. Jean est venu pour servir de témoin, pour rendre témoignage à la lumiére.

A Nunc dimittis.

Ant. Venit Jesus à Galilæa in Jordánem ad Joannem, ut baptizarétur ab eo. *Mat.* 3.

Ant. Jesus vint de Galilée au Jourdain trouver Jean, pour être baptisé par lui.

PENDANT L'OCTAVE.
Semidouble.

L'Office comme au jour de la Fête, excepté ce qui suit. Pseaumes de la Férie à tout l'Office.

AU NOCTURNE.

Les trois Antiennes le ℣. & les ℟℟. d'un des Nocturnes de la Fête, selon la Férie.

La j. Leçon est de l'Ecriture occurrente, les trois en une.

La ij. & la iij. comme ci-après.

A LAUDES.

La seule Antienne iv. du jour de la Fête.

AUX PETITES HEURES.

On dit les ℟℟. brefs, sans Allelúia.

A VESPRES.

La seule j. Antienne de la Fête.

A COMPLIES.

Les deux Antiennes du jour de la Fête.

LE DIMANCHE DANS L'OCTAVE.

L'Office est du Dimanche occurrent comme au Pseautier avec Mémoire de l'Octave le Samedi à Vêpres, le Dimanche à Laudes, à la Messe & à Vêpres.

LE XXV. JUIN.

L'Office des saints Martyrs Agoard & Aglibert, au Bréviaire.

Mémoire de l'Octave de S. Jean, à Laudes & à la Messe.

A VESPRES, *Mémoire de l'Octave, puis de saint Babolein Abbé, enfin des SS. Jean & Paul Martyrs.*

LE XXVI. JUIN.

Sermo sancti Augustíni Epíscopi.

Sermon de S. Augustin Evêque.

Serm. 288. *sur S. Jean-Bapt.* ij. LEÇON.

DIéi hodiernæ festívitas anniversário réditu memóriam rénovat natum esse Dómini Præcursórem ante mirábilem mirabíliter, cujus nativitátem consideráre nos, & laudáre máximè hódie cónvenit. Ad hoc enim & dies anniversárius huic miráculo dedicátus est; ut beneficia Dei, & Excelsi magnália non déleat oblívio de córdibus nostris. Joannes ergo præco Dómini missus ante illum, sed factus per illum. Omnia enim per ipsum facta sunt: & sine ipso factum est nihil. Missus homo ante hóminem Deum, agnoscens Dóminum suum, annúntians

LA solemnité de ce jour nous rappelle le souvenir de la naissance miraculeuse du Précurseur du Seigneur, dont il est à propos de nous entretenir aujourd'hui, pour en bénir le Seigneur. Car pourquoi en célébrons-nous tous les ans l'anniversaire, si ce n'est afin que nous n'oubliions jamais les bienfaits du Très-haut? Jean comme Précurseur du Seigneur, est venu avant lui; mais il avoit été fait par lui. Car tout est fait par le Verbe, & rien n'a été fait sans lui. C'est un homme envoyé devant l'Homme-Dieu, pour faire reconnoitre son Maître, annoncer son Créateur, le distinguer d'entre les autres hommes, & le montrer du doigt. Telles furent ses paroles, lorsqu'il montra le Seigneur, & qu'il lui rendit témoignage: Voici l'Agneau de Dieu, voici celui qui efface les pechés du monde. C'est donc par un effet admirable de la providence de notre Dieu, qu'une femme stérile a mis au monde le Précurseur, & une Vierge le souverain Juge de l'univers. La mere de Jean a eu une stérilité féconde : la mere de Jesus-Christ a eu la vertu de concevoir & d'enfanter, sans rien perdre de sa virginité.

Creatórem suum, jam in terra præsentem discernens, digito ostendens. Ipsíus enim verba sunt ostendentis Dóminum, & testimónium perhibentis : Ecce Agnus Dei, ecce qui tollit peccáta mundi. Méritò ergo stérilis péperit præcónem, Virgo Júdicem. In matre Joannis sterílitas accépit fœcunditátem : in matre Christi fœcúnditas non corrúpit integritátem.

iij. LEÇON. Babolénus. *au Breviaire.*

Mémoire de S. Babolein, & des SS. Jean & Paul, à Laudes & à la Messe.

LE XXVII. JUIN.

Sermon de saint Cyrille Evêque de Jérusalem.

Sermo sancti Cyrilli Epíscopi Hierosolymitáni.

Catéch. 3. du Baptême. ij. LEÇON.

LA fin de l'ancien Testament, & le commencement du nouveau, c'est le Baptême dont Jean-Baptiste a été le premier ministre ; Jean, dis-je, le plus grand des enfans des femmes, la fin des Prophétes ; puis-

VEteris testamenti finis, & initium novi, Baptismus. Hujus enim primus auctor Joannes, quo major inter natos mulíerum nullus, qui Prophetárum quidem finis fuit : omnes enim Prophétæ & Lex usque ad Joannem. Evangelicárum verò rerum idem princípium éxtitit. Inítium, inquit Evangelista, Evangélii Jesu Christi; & quæ sequuntur : Fuit Joannes in deserto baptízans. Etiamsi Elíam Thesbítem díxeris, eum qui in cœlum ássumptus est, neque ille Joanne major. Transslátus est Enoch : sed non est Joanne major. Moses máximus est legislátor, & omnes Prophétæ admirábiles : sed non majóres Joanne. Non ego Prophétas cum Prophétis conferre áudeo; sed ipse tum illórum, tum nostrì herus Dóminus Jesus pronuntiávit : Major inter natos mulierum Joanne non surrexit; non inter natos vírginum,

que selon Jesus-Christ même, la Loi & les Prophétes ont duré jusqu'à Jean, lequel est en même temps le terme où commence l'Evangile selon saint Marc, qui dit : Le commencement de l'Evangile de Jesus-Christ; & ensuite : Jean baptisoit dans le desert. Rappellez-vous les grands hommes qui l'ont précedé; vous n'en trouverez point qui ne lui soient inférieurs. Elie de Thesbe qui a été enlevé au Ciel, n'étoit point plus grand que lui. Enoch a été enlevé : mais il étoit inférieur à Jean. Moyse étoit un législateur d'une éminence & d'un mérite supérieur : tous les Prophétes étoient admirables; mais ils n'étoient pas plus grands que Jean. Je ne suis pas assez téméraire pour vouloir comparer les Prophétes les uns aux autres, & décider de leur mérite; mais le Maître des Prophétes, & le nôtre, nous assure qu'entre les enfans des femmes, il n'y en a point eu de plus grand que Jean. Pesez ces paroles : Jesus-Christ ne dit pas, Entre les enfans des vierges ; mais, Entre les enfans des femmes. On peut comparer les grands serviteurs avec leurs égaux ; mais du fils au serviteur il ne peut y avoir de comparaison. L'excellence du premier est ineffable & au dessus de toute comparaison.

sed mulierum. Magni servi ad conservos comparátio : filii verò ad servos incomparábilis est exuperántia & grátia.

S'il est Samedi, on ajoûtera la Leçon suivante à la précedente, pour des deux n'en faire qu'une ; & la iij. Leçon sera de l'Homélie de la Vigile, au Bréviaire.

iij. Leçon.

ADmirez donc la conduite de Dieu. Voyez quel est l'homme qu'il a choisi pour être le premier Prédicateur de la grace Evangélique. C'est un homme qui s'est dépouillé de tout ; qui aime la solitude & la retraite, sans néanmoins avoir horreur de converser avec les hommes. Il ne se nourrit que de sauterelles ; mais il engraisse son ame de la vérité. Il éteint sa faim avec un peu de miel sauvage ; mais il sort de sa bouche un fleuve de paroles plus douces que le miel. Il ne parle que pour profiter aux autres : il n'avoit qu'un vétement

VIdes quantum hóminem hujus grátiæ ducem elégit Deus ; nihil omníno possidentem, & solitúdinis amantem, sed non ab hóminum consuetúdine abhorrentem ; locustas edentem, animamque pléniùs instruentem ; melle famem explentem, & dulcióra melle, utilioraque loquentem ; veste ex capillis caméli indútum, & ascéticæ vitæ in se ipso monstrantem exemplar ;

quì étiam in útero matris cùm gestarétur, à Spíritu sancto sanctificátus est. Sanctificátus est eódem modo Jeremías, sed non prophetávit in útero.

de poils de chameau : il fut le premier auteur de la vie ascétique. En un mot il fut sanctifié & rempli du saint Esprit étant encore dans le ventre de sa mere. Et ne me dites pas que Jérémie a eu le même avantage que Jean : car je vous répondrai que ce Prophéte fut à la vérité sanctifié comme Jean ; mais il ne prophétisa pas comme lui dès le ventre de sa mere.

VESPRES *de la Fête suivante, comme au Bréviaire, avec Mémoire de l'Octave.*

LE XXVIII. JUIN.

S. IRENE'E, EVESQUE ET MARTYR.

Double-majeur.

L'Office comme au Bréviaire, avec Mémoire de l'Octave à Laudes & à la Messe.

VESPRES *de la Fête suivante, au Bréviaire. Mémoire de S. Irenée, & de l'Octave.*

LE XXIX. JUIN.

LES SS. APOSTRES PIERRE ET PAUL.

Petit-solemnel.

L'Office au Bréviaire. Mémoire de l'Octave à Laudes, à la Messe & à Vêpres.

LE XXX. JUIN.

LA COMMEMORATION DE S. PAUL.

Double-majeur.

L'Office comme au Bréviaire. Mémoire de l'Octave à Laudes & à la Messe.

VESPRES *du jour de l'Octave, comme aux premiéres Vêpres de la Fête, excepté l'Oraison.*

Mémoire de S. Paul, & de S. Martial.

A COMPLIES, *comme ci-devant, p. 161.*

LE I. JUILLET.

L'OCTAVE DE S. JEAN-BAPTISTE.

Double-mineur.

Tout l'Office comme au jour de la Fête, excepté ce qui suit.

Les Pseaumes de la Férie à tout l'Office.

A L'OFFICE DE LA NUIT.

AU I. NOCT. Les Leçons de l'Ecriture occurrente.

AU II. NOCTURNE.

Sermo sancti Máximi Epíscopi.

Sermon de saint Maxime Evêque.

Homélie. 3. sur la Nativ. de S. Jean-Bapt.

iv. LEÇON.

FEstivitátem præséntis diéi, fratres caríssimi, venerandi Joannis Baptistæ genuína natívitas consecrávit; qui idcircò in hoc séculum supernâ dispensatióne diréctus est, ut non solùm ipse prophetáli sublimarétur glóriâ, sed ut ómnium étiam pereum Prophetárum

LA solemnité de ce jour, mes très-chers freres, est consacrée pour honorer la double naissance du saint Précurseur, que le Seigneur a envoyé sur la terre, non-seulement afin qu'il eût part à la gloire des Prophétes, mais surtout afin qu'il mît le sceau, & qu'il confirmât toutes les prophéties de ceux qui avoient parlé avant lui au nom du Seigneur. Le culte spécial

præcónia firmarentur. Nec immérito illum præcípuo honóre nunc venerámur, qui speciáli quâdam grátiâ ob hoc Redemptórem mundi novissimus prophetávit, ut osténderet primus. Hic enim est solus Prophetárum, qui Dóminum nostrum Jesum Christum, quem álii in longa sécula futúrum præscivérunt, própriis óculis vidére méruit, & annuntiáre præsentem.

que l'Eglise lui rend, est juste & raisonnable. C'est lui en effet qui par une grace spéciale est venu le dernier annoncer le Sauveur, afin de pouvoir en même temps le montrer le premier. Il est le seul entre les Prophétes qui ont annoncé Jesus-Christ plusieurs siécles avant sa venûe, qui ait mérité de le voir de ses propres yeux, & de le montrer du doigt.

v. Leçon.

Hic est ille quem, inspirante Deo, præscius annúntiat Isaías, dicens : Vox clamantis in deserto: Paráte viam Dómini. Quàm cóngruè, fratres caríssimi, beátus Joannes prædicátus est vox, qui cœlestis Verbi & præco mittebátur, & testis ! Hic ille est cujus per Angelum Gabriélem prænuntiátur nativitas,

Sa venûe étoit prédite par le Prophéte Isaïe, en ces termes : Une voix se fera entendre dans le desert : Préparez la voie du Seigneur. Jamais nom convint-il mieux à Jean que celui de voix ? puisqu'il étoit envoyé pour annoncer & rendre témoignage au Verbe divin. Ne soyez donc pas surpris de voir sa naissance, son nom & ses mérites prédits par l'Ange Gabriel. Que dis-je ? de voir le juste Juge lui donner la préférence au dessus de tous les hommes, en assurant qu'entre les enfans des femmes il n'y en a point eu de plus grand que Jean-Baptiste. Remarquez cette expression du Sauveur, Entre les enfans des femmes. Il vouloit nous faire entendre que celui qui avoit pris naissance d'une Vierge, étoit en tout sens bien plus grand que Jean. Puis-je passer sous silence ce que l'Evangile nous apprend de ce saint Précurseur, qu'il aima mieux être mis à mort par l'ordre cruel & impie d'un Tyran, que de manquer à reprendre un Roi de ses crimes ?

& nomen, & méritum. Hic est qui judício cœlestis senténtiæ cunctis mortálibus antefertur, dicente Dómino : Non surrexit inter natos mulíerum major Joanne Baptistâ. Quàm pulcrè dictum est inter natos mulíerum non esse majórem ! Quia ille omnímodìs major erat Joanne, qui de Vírgine nascebátur. Hic est étiam qui à Rege máluit prosterni, quàm Regem non increpáre peccantem.

vj. Leçon.

CONcluez de-là, mes freres, quels respects & quelle dévotion nous devons avoir pour saint Jean ; puisque le saint Esprit nous a annoncé sa venûe, que sa naissance est promise par un Ange ; qu'il recoit des éloges de Jesus-Christ même, & qu'il couronne une vie sainte par une mort glorieuse. Il étoit juste en

QUibus prospectis, advértite, dilectíssimi, quantam huic reveréntiam, quantum devotiónis debeámus impéndere, qui ut honorábilis sit, à sancto est Spíritu prophetátus, promíssus ab Angelo, laudátus à Dómino, &

perpétuâ sanctæ mortis glóriâ consecrátus. Decébat namque ut mysticam nativitátem ejus mirábilis vita sequerétur, & sanctam perfectamque vitam mors Deo devóta conclúderet. Propter quod, fratres, rectíssimè toto orbe Christi Ecclésia primórdia nativitátis ejus célebrat, qui æterna mortálibus adesse gáudia stupenti mundo testis fidelíssimus revelávit.

effet qu'une naissance aussi merveilleuse que celle de Jean fût suivie d'une vie sainte & digne d'admiration, & que cette vie fût terminée par une mort digne de Dieu. Voilà, mes chers freres, ce qui engage l'Eglise de Jesus-Christ répandue par tout le monde à célébrer avec tant de solemnité la naissance de celui, qui, comme un fidéle témoin, a appris au monde que les hommes étoient enfin arrivés à ce moment heureux, où ils pouvoient aspirer à un bonheur éternel, possédant au milieu d'eux celui qui venoit le leur mériter.

AU III. NOCTURNE.

Léctio sancti Evangélii secundùm Lucam.

Lecture du saint Evangile selon saint Luc. *Ch.* 1.

vij. LEÇON.

ELízabeth implétum est tempus pariendi, & péperit filium. Et audiérunt vicíni & cognáti ejus quia magnificávit Dóminus misericórdiam suam cum illa; & congratulabantur ei, Et réliqua.

LE temps des couches d'Elisabeth arriva, & elle mit au monde un fils. Ses voisins & ses parens apprirent la grande miséricorde que le Seigneur lui avoit faite; & ils l'en félicitoient. Et le reste.

Homélie de S. Ambroise Evêque.

Liv. 2. sur S. Luc. §. 33.

Zacharie pere de Jean, étant rempli du saint Esprit, prophétisa, en disant : Béni soit le Seigneur, le Dieu d'Israel. Admirez la bonté de notre Dieu, & sa facilité à pardonner les pechés. Non-seulement il rend aux pécheurs ce que leurs crimes leur avoient fait perdre; mais il leur communique des graces qu'ils n'eussent jamais osé espérer. Voilà Zacharie, qui en punition de son incrédulité avoit été privé de l'usage de la parole, qui prophétise. Fut-il de grace plus excellente, que celle qui fait rendre témoignage au Seigneur par ceux-mêmes qui l'avoient auparavant renoncé ? Que personne donc ne désespére de la divine miséricorde, quelque grands qu'ayent été ses crimes passés. Le Seigneur change volontiers de résolution à notre égard, lorsque nous changeons nous-mêmes, & que nous cessons de pécher.

Homília sancti Ambrósii Epíscopi.

Zacharías pater Joannis implétus est Spíritu sancto, & prophetábat, dicens: Benedictus Dóminus Deus Israel. Vide quàm bonus Deus, & fácilis indulgére peccátis. Non solùm abláta restítuit, sed étiam insperáta concédit. Ille dudum mutus prophétat : hæc enim grátia Dei máxima quâ Deum qui negáverant, confitentur. Nemo ergo diffídat, nemo véterum cónscius delictórum præmia divína despéret. Novit Dóminus mutáre senténtiam, si tu nóveris mutáre delictum.

viij. LEÇON.

ET tu, puer, Prophéta Altíssimi vocáberis. Pulcrè cùm de Dómino prophetáret, ad Prophétam sua verba convertit, ut hoc quoque benefícium esse Dómini designáret; ne cùm públicè enumeráret sua, quasi ingrátus tacuísse quæ accéperat benefícia viderétur, quæ agnoscébat in fílio. Sed fortasse áliqui quasi irrationálem mentis excessum putant, quòd octo diérum alloquitur infantem. Verùm si teneámus, intellígimus profectò quòd pótuit vocem patris natus audíre, qui Maríæ salutatiónem, ántequàm nascerétur, audívit.

VOus serez appellé le Prophéte du Très-haut. Zacharie ayant à prophétiser la venüe du Messie, adresse avec raison la parole à son précurseur, pour faire connoître que cette fonction de Jean étoit elle-même un don du Seigneur. Car il eût été peu convenable, que faisant un grand dénombrement des graces qu'il avoit reçues en sa propre personne, il eût paru insensible à celles qu'il avoit reçues dans la personne de son fils. Et qu'on ne me dise pas qu'il y a de la folie & de l'extravagance de vouloir s'entretenir ainsi avec un enfant de huit jours. Car je répondrois à quiconque me tiendroit ce langage, que Jean a bien pû après sa naissance entendre & comprendre le discours de son pere, puisqu'il a bien pû discerner la salutation de Marie, lors même qu'il n'étoit pas encore né.

ix. LEÇON.

De saint Martial, au Bréviaire; des deux n'en faisant qu'une : ou l'Homélie, s'il est Dimanche.

A LAUDES.

ORAISON.

O Dieu, qui avez choisi de toute éternité Jean-Baptiste pour préparer un peuple saint à votre Fils unique : faites par l'intercession de ce saint Précurseur, que votre Eglise mérite d'arriver à Jesus-Christ notre Seigneur, qu'il est venu annoncer & montrer au monde : Nous vous le demandons par le même Jesus-Christ.

DEus, qui beátum Joannem tuâ providéntiâ destinasti, ut plebem perfectam Unigénito tuo præparáret : da, ut família tua hujus intercessióne præcónis, ad eum quem prophetávit, perveníre mereátur, Dóminum nostrum Jesum Christum, &c.

Mémoire de S. Martial, à Laudes & à la Meße.

VESPRES *de la Visitation de la sainte Vierge. Mémoire de l'Octave & de S. Martial.*

A COMPLIES, *comme au Pseautier.*

LE DIMANCHE *le plus proche du 29. Août,*

LA DECOLLATION DE SAINT JEAN-BAPTISTE.

Double-majeur.

Tout l'Office comme au Bréviaire, avec Mémoire du Dimanche, le Samedi à Vêpres, le Dimanche à l'Office de la nuit, à Laudes & à la Meße.

Préface de S. Jean, comme ci-devant. 169.

A VESPRES, *Mémoire du Dimanche.*

LE I. DIMANCHE D'OCTOBRE,

LA TRANSLATION DE S. LANDRY.

PETIT-SOLEMNEL.

L'Office comme au jour de la Fête, ci-devant, p. 41. excepté ce qui suit. L'Oraison de la Messe, ci-après. Pseaumes de la Férie à tout l'Office.

AUX I. VESP. *on fait Mém. du Samedi, au Brév.*

AU I. NOCT. Les Leçons de l'Ecriture occurrente.

AU II. NOCTURNE.

iv. LEÇON.

MUltis annis post mortem sancti Landeríci, Mauricius dictus de Solliaco ejus corpus in capsa lígnea cóndidit; quam vetustáte consumptam reserávit Petrus de Ordeimonte Parisiórum Epíscopus, anno millésimo quadringentésimo octávo, décimo sexto Calendas Octóbris; reperitque in ea cum óssibus & púlvere córporis, vestimen-

PLusieurs années après la mort de saint Landry, Maurice de Sully leva son corps, & le mit dans une châsse de bois: mais Pierre d'Orgemont Evêque de Paris ayant appris qu'elle étoit presque détruite de vieillesse, en fit l'ouverture l'an mil quatre cent huit le seiziéme Septembre, & trouva dedans, outre les ossemens, les cendres du corps, les habits & le suaire, un écrit où on lisoit: « Ce sont » ici les os de saint Landry Evêque de Paris, » qui ont été mis dans » cette châsse par le vé-

» nérable Maurice Evê- » que de Paris, & Remi » Doyen de cette Eglise, » l'an de l'Incarnation de » notre Seigneur onze » cens soixante & onze, » sous le régne de Louis » qui conduisit une ar- » mée à Jérusalem, & » sous le Pontificat d'A- » léxandre. « Il y avoit aussi deux autres écrits, dont l'un plus vieux & presque effacé portoit: *De saint Landry Evêque.* Pierre en ayant retiré deux os, en fit présent à l'Eglise Paroissiale de saint Landry, & bénit une châsse d'argent, où il mit les autres en présence de Louis Duc de Bourbon, de plusieurs Prélats, d'Officiers & soldats, & d'une grande multitude de peuple: & l'ayant fermée, on la porta processionnellement derriére le grand Autel, où il la plaça.

tis ac linteamínibus, schedam in hæc verba conscriptam: Hæc sunt ossa beatíssimi Landerici Parisiensis Epíscopi, sic repósita à venerábili Mauricio Parisiensi Epíscopo, & Remígio hujus Ecclésiæ Decáno, anno ab Incarnatióne Dómini millésimo centésimo septuagésimo primo, regnante Ludovico qui duxit exércitum in Jerúsalem, summo Pontífice Alexandro. Sed & duas álias schédulas, quarum quæ vetústior & penè corrósa hæc verba continébat: Sancti Landeríci Epíscopi. Hinc Petrus ossa duo distracta EcclésiæParochiáli sancti Landeríci donávit. Cétera verò in capsa argéntea, præmisso benedictiónis ritu, pósuit, præséntibus Ludovíco Duce Burbónis, Prælatorumque, mílitum, ac pópuli magnâ multitúdine; ipsamque clausam ponè majus altáre, hábitâ solemni processióne, collocávit.

Ex libro sancti Ambrósii Epíscopi, de officiis Ministrórum.

Du Livre de S. Ambroise Evêque, des Offices des Ministres sacrés.

V. LEÇON.

Liv. 2. chap. 28. n. 136. 137.

HOc máximum incentívum misericórdiæ, ut compatiámur aliénis calamitátibus: necessitátes aliórum, quantum póssumus, juvémus, & plus interdum quàm póssumus. Mélius est enim pro misericórdia causas præstáre, vel invídiam pérpeti, quàm præténdere incleméntiam; ut nos aliquando in invídiam incídimus, quòd confregérimus vasa mystica, ut captívos redimerémus, quod Ariánis displicére potúerat: nec tam factum displicéret, quàm ut esset quod in nobis reprehenderétur. Quis autem est tam durus,

NOus avons de très-puissans motifs d'éxercer la miséricorde, de compatir aux malheurs de nos freres, de les soulager dans leurs nécessités selon nos forces, & même souvent au-delà de notre pouvoir. Il nous est infiniment plus avantageux de nous attirer des reproches & des persécutions, pour nous être épuisés par charité pour les misérables, que d'être taxés de dureté à leur égard. On nous a accusés nous-mêmes d'avoir brisé les vases sacrés pour racheter les captifs; les Ariens nous en ont fait un crime: mais ils ne nous ont fait ces reproches, que parcequ'ils vouloient à quelque prix que ce fût nous trouver coupables en quelque chose. Quel est l'homme en effet assez cruel, assez barbare; quel est le cœur plus dur que le fer, qui puisse trouver mauvais qu'on arrache son frere d'entre les bras de la mort, qu'on délivre sa sœur des mains des barbares prêts à faire violence à sa pudeur, ou à lui faire souffrir des insultes mille fois plus cruelles que la mort même ; & qu'on épargne à de jeunes personnes les occasions de retomber dans l'idolâtrie par la crainte des supplices & de la mort ? Quand nous avons agi de la sorte, nous ne l'avons donc pas fait sans de bonnes raisons ; mais nous avons cru devoir faire connoitre au peuple nos dispositions ; & nous avons déclaré hautement que nous étions persuadés qu'il y avoit plus de mérite de conserver à Dieu des ames, que de lui conserver de l'or & de l'argent.

immítis, férreus, cui displíceat quòd homo redímitur à morte, fémina ab impuritátibus barbarórum, quæ gravióres morte sunt ; adolescéntulæ, vel puéruli, vel infantes ab idolórum contágiis, quibus mortis metu inquinabantur ? Quam causam nos etsi non sine ratióne áliqua géssimus ; tamen ita in pópulo prosecúti sumus, ut confiterémur, multòque fuisse commódius astruerémus, ut ánimas Dómino quàm aurum servarémus.

vj. LEÇON.

CElui qui a envoyé ses Apôtres sans or ni argent annoncer l'Evangile, sçaura bien sans ces secours conserver son Eglise. Si l'Eglise a des biens, ce n'est pas pour les amasser & les entasser, mais pour les distribuer dans le besoin. Et quelle

QUi sine auro misit Apóstolos, Ecclésias sine auro congregávit. Aurum Ecclésia habet, non ut servet, sed ut éroget, & subvéniat in necessitátibus. Quid opus est custodire quod nihil ádjuvat? An ignorámus quantum auri atque argenti de templo Dómini Assyrii sustúlerint? Nonne méliùs conflant Sacerdótes propter alimóniam páuperum, si ália subsídia desint, quàm ut sacrílegus contamináta asportet hostis? Nonne dictúrus est Dóminus: Cur passus es tot ínopes fame mori? Et certè habébas aurum, ministrasses alimóniam. Cur tot captívi dedúcti in commércio sunt, nec redempti, ab hoste occísi sunt? Mélius fúerat ut vasa vivéntium serváres, quàm metallórum. His non posset responsum referri. Quid enim díceres: Timui ne templo Dei ornátus deesset? Respondéret:

nécessité en effet de conserver ce qui ne serviroit à aucun usage? Avons-nous oublié combien furent considérables les sommes que les Assyriens enlevérent du temple de Jérusalem? N'est-il pas plus raisonnable que les Prêtres brisent eux-mêmes les vases sacrés, lorsqu'il n'y a pas d'autre moyen de soulager la misére des pauvres, que de les voir pillés & volés par des mains sacriléges? Si nous étions capables d'une telle imprudence, que n'auroit pas un jour le Seigneur à nous reprocher? Pourquoi, nous diroit-il, avez-vous laissé mourir ainsi de faim les pauvres? Vous aviez en main des volumes d'or plus que suffisans pour les rassasier. Pourquoi avez-vous laissé emmener tant de captifs, qui faute de rançon ont été mis à mort par des ennemis cruels? N'eût-il pas mieux valu conserver les vases vivans du saint Esprit, que des métaux inanimés? Et qu'auriez-vous à opposer à ces reproches? Direz-vous que vous avez appréhendé que les temples ne fussent sans ornement ? Il vous répondroit que les Sacrement n'ont pas besoin du secours de l'or, pour avoir de la valeur & de la vertu; que ce qui ne s'achéte pas au poids de l'or, ne peut emprunter de cet or du mérite & de la réalité.

Aurum Sacramenta non quærunt; neque auro placent, quæ auro non emuntur.

AU III. NOCTURNE.

Lecture du saint Evangile selon saint Luc. *Chap. 12.*

Léctio sancti Evangélii secundùm Lucam.

vij. LEÇON.

EN ce temps-là; Jesus dit à Pierre ? Quel pensez-vous que puisse être cet économe fidéle & prudent, que le maître établira sur sa famille, pour lui fournir dans son temps la nourriture dont elle aura besoin ? Et le reste.

IN illo témpore; Dixit Jesus Petro: Quis, putas, est fidélis dispensátor & prudens, quem constituit dóminus supra famíliam suam, ut det illis in témpore trítici mensúram ? Et réliqua.

Homélie de S. Ambroise Evêque.

Homília sancti Ambrósii Epíscopi.

Livre second des Offices, Chap. 16. n. 76. 77.

IL paroit par la lecture qui vient d'être faite du saint Evangile, qu'il doit y avoir des bornes dans la libéralité, pour ne pas rendre inutile l'éxercice de la charité. Il

LIquet debére esse liberalitátis modum, ne fiat inútilis lárgitas. Sobrietas tenenda est, máximè Sacerdótibus; ut non pro jactántia, sed pro justitia dispensent. Nusquam enim major avíditas petitiónis. Véniunt válidi, véniunt nullam causam nisi vagandi habentes, & volunt subsídia evacuáre páuperum, exinaníre sumptum : nec exiguo contenti, majóra quærunt, ámbitu véstium captantes petitiónis suffrágium, & natálium simulatióne licitantes incrementa quæstuum. His si quis fácilè déferat fidem, citò exhaurit páuperum alimóniis profutúra compéndia. Modus largiendi adsit, ut nec illi inánes recédant, neque transcribátur vita páuperum in spólia fraudulentórum. Ea ergo mensúra sit, ut neque humánitas deserátur, nec destituátur necéssitas.

faut y observer un juste milieu, dont les Prêtres sur-tout ne doivent point s'écarter ; afin que ce soit la justice, & non la vanité qui régle les aumônes. Et certes, vit-on jamais plus grand nombre de mendians que de nos jours ? Sans cesse on en rencontre, qui se portant bien, n'ont d'autres raisons de mendier que l'habitude qu'ils ont contractée d'être vagabonds & fainéans : ils voudroient qu'on épuisât en leur faveur les fonds des vrais pauvres, tant ils sont pressans & importuns. Ils ne se contentent pas de peu : & pour arracher par adresse de grands secours, on les voit parés avec magnificence, on les entend relever l'éclat de leur noblesse & de leur naissance : à les en croire, les secours ne peuvent être ni assez prompts, ni assez grands. Si on écoutoit ces fabuleux escrocs, on épuiseroit par une seule aumône des ressources capables de fournir longtems à la subsistance d'une multitude de vrais pauvres. Il faut donc avoir de la prudence, & faire ensorte que ces sortes de mendians ne soient pas sans ressource, & qu'on n'épuise pas en leur faveur le patrimoine des autres pauvres. La régle la plus sûre est de faire marcher de pair l'humanité & la compassion avec une sage économie. En suivant cette régle on ne passera jamais pour avare, mais pour libéral. Ce n'est donc pas assez d'ouvrir ses oreilles aux clameurs des misérables ; il faut encore ouvrir les yeux pour discerner les vraies des fausses nécessités. L'infirmité d'un ouvrier a un langage bien plus persuasif, que les discours étudiés des mendians dont j'ai parlé plus haut. Il est vrai qu'il est bien difficile de ne pas céder enfin aux importunités de certains pauvres, qui vont jusqu'à l'incommodité : mais souvenons-nous de ne jamais rien accorder à celles qui vont jusqu'à l'impudence.

Itaque qui modum servat, avárus nulli, sed largus ómnibus est. Non enim solas aures præbére debémus audiendis precántium vócibus, sed étiam óculos considerandis necessitátibus. Plus clamat operatóri bono debílitas, quàm vox páuperis. Neque vero fíeri potest ut non extórqueat ámpliùs importúnitas vociferántium : sed non semper impudéntiæ locus sit.

viij. LEÇON.

IL faut regarder le vrai pauvre, lorsqu'il ne nous regarde pas : il faut chercher celui qui craint de se faire connoître. Il faut entrer dans les prisons, visiter les malades

VIdendus est ille, qui te non videt : requirendus ille, qui erubescit vidéri. Ille étiam clausus in cárcere occurrat tibi : ille affectus ægritúdine mentem tuam pérsonet, qui aures non potest. Quò plus te operári víderit pópulus, magìs díliget. Scio plerosque Sacerdótes, quò plus contulérunt, plus abundasse; quóniam quicumque bonum operárium videt, ipsi confert quod ille suo officio dispenset, secúrus quòd ad páuperem sua pervéniat misericórdia: nemo enim vult, nisi páuperi proficere suam collatiónem. Nam si quem aut immoderátum, aut nimis tenácem dispensatórem víderit, utrumque despiciet: si aut supérfluis erogatiónibus díssipet aliéni fructus labóris, aut recondat sácculis. Sicut ígitur modus liberalitátis tenendus est, ita étiam calcar plerumquè adhibendum

qui étendus sur le lit de leur douleur, sont hors d'état de vous exposer leurs miséres. Plus on vous sçaura appliqué à ces bonnes œuvres, plus on vous estimera & on vous aimera. J'aî connu des Prêtres, qui plus ils donnoient, plus ils devenoient riches: la raison en est naturelle. On confie avec plaisir & avec empressement ses biens & ses aumônes à ceux qu'on voit & qu'on sçait en faire un bon usage, parcequ'on est assuré que le pauvre en sera sûrement soulagé. On n'aime point ceux qui donnent sans mesure & sans discrétion: on aime moins encore ceux qui sont trop réservés à donner. Les premiers sont des dissipateurs: on regarde les seconds avec justice comme des avares; d'où vient que s'il est nécessaire d'arrêter quelquefois certaines personnes, on a souvent besoin d'en presser d'autres. Il faut des régles dans la pratique de la charité, afin d'être en état de faire toujours le bien que l'on a commencé, cé, & ne pas se mettre hors d'état par des profusions déplacées, de pourvoir aux nécessités communes & ordinaires. Il faut aussi se servir de l'aiguillon pour presser de donner ceux qui ignorent que l'argent est bien mieux employé à acheter du pain pour le pauvre, qu'à être enfermé dans les coffres. Mettez-vous surtout en garde contre ce dernier défaut; & qu'il ne vous arrive jamais de tenir lié & enfermé dans votre bourse la vie & le salut des misérables, comme dans un tombeau.

dum vidétur. Modus ídeò, ut quod bene facis, id quotídie fácere possis; ne súbtrahas necessitáti quod indúlseris effusióni: calcar proptéreà, quia méliùs operátur pecúnia in páuperis cibo, quàm in dívitis sáccúlo. Cave ne intrà lóculos tuos inclúdas salútem ínopum, & tanquam in túmulis sepélias vitam páuperum.

La ix. Leçon est de l'Homélie du Dimanche occurrent, comme au Bréviaire.

A LAUDES, *Mémoire du Dimanche.*

A LA MESSE.

ORAISON.

O Dieu, qui avez donné à votre saint Evêque Landry, dont nous célébrons aujourd'hui la Translation, des entrailles de miséricorde pour secourir les affligés: accordez à nos priéres, que

DEus, qui beátum Landerícum Pontíficem tuum, cujus Translatiónis diem commemorámus, misericórdiæ viscéribus implevisti;

quæsumus, ut quem páuperum patrem tuâ grátiâ effecisti, benignum pro nobis intercessórem júgiter esse largiáris; Per Dóminum nostrum Jesum Christum Fílium.

celui que votre grace a rendu le pere des pauvres, ne cesse point d'être pour nous un intercesseur plein de bonté ; Par notre Seigneur Jesus-Christ votre Fils, qui étant Dieu vit & regne avec vous en l'unité du saint Esprit, dans tous les siécles des siécles. ℟. Amen.

Mémoire du Dimanche occurrent.

EVANGILE.

Léctio sancti Evangélii secundùm Lucam.

Lecture du saint Evangile selon saint Luc. *Chap.* 12.

IN illo témpore; Dixit Jesus Petro: Quis, putas, est fidélis dispensátor & prudens, quem constituit dóminus supra famíliam suam, ut det illis in témpore trítici mensúram? Beátus ille servus, quem, cùm vénerit dóminus, invénerit ita facientem. Verè dico vobis quóniam supra ómnia quæ póssidet, constituet illum. Quòd si dixerit

EN ce temps-là; Jesus dit à Pierre: Qui est le dispensateur fidéle & prudent que le maitre établira sur ses serviteurs, pour distribuer à chacun dans le temps la mesure de bled qui lui est destinée? Heureux ce serviteur que son maitre à son arrivée trouvera agissant de la sorte. Je vous dis en vérité qu'il l'établira sur tous ses biens. Mais si ce serviteur dit en lui-même: Mon maître n'est pas près de venir, & qu'il commence à battre les serviteurs & les servantes, à manger, à boire & à s'enyvrer; le maître de ce serviteur viendra au jour qu'il ne s'y attend pas, & à l'heure qu'il ne sçait pas: & il le séparera, & lui donnera pour partage d'être puni avec les infidéles. Le serviteur qui aura sçu la volonté de son maître, & qui néanmoins ne se sera pas tenu prêt, & n'aura pas fait ce qu'il désiroit de lui, sera battu rudement. Mais celui qui n'aura point sçu sa volonté, & qui aura fait des choses qui méritent châtimens, sera moins battu. On redemandera beaucoup à celui à qui on aura donné beaucoup; & on fera rendre un plus grand compte à celui à qui on aura confié plus de choses.

Je croi.

servus ille in corde suo: Moram facit dóminus meus veníre, & cœperit percútere servos & ancillas, & édere, & bíbere & inebriári; véniet dóminus servi illíus in die quâ non sperat, & horâ quâ nescit, & dívidet eum, partemque ejus cum infidélibus ponet. Ille autem servus qui cognóvit voluntátem dómini sui, & non præparávit, & non fecit secundùm voluntátem ejus, vapulábit multis. Qui autem non cognóvit, & fecit digna plagis, vapulábit paucis. Omni autem cui multum datum est, multum quærétu ab eo; & cui commendavérunt multum, plus petent ab eo. Credo.

Aux II. Vespres, *Mémoire du Dimanche, comme au Bréviaire.*

FIN.

PERMISSION
de Monseigneur l'Archevêque de Paris.

CAROLUS-GASPAR-GUILLELMUS DE VINTIMILLE ex Comitibus Massiliæ DU LUC, Miseratione Divinâ, & sanctæ Sedis Apostolicæ gratiâ, Parisiensis Archiepiscopus, Dux Sancti-Clodoaldi, Par Franciæ, Regii Ordinis sancti Spiritûs Commendator, &c. Ut hæc *divina Officia* ad usum Ecclesiæ Parochialis sancti Landerici, in Civitate Parisiensi, publicè recitari & decantari in nostra Diœcesi possint, per Præsentes licentiam concedimus. DATUM Parisiis in Palatio nostro Archiepiscopali sub signo Vicarii nostri Generalis, sigilloque nostro, ac Secretarii Archiepiscopatûs nostri subscriptione, anno Domini millesimo septingentesimo quadragesimo quinto, die verò mensis Junii undecimâ.

THIERRY, Vic. Gen.

De Mandato Illustriss. & Reverendissimi DD. mei Parisiensis Archiepiscopi.

LASONE.

www.ingramcontent.com/pod-product-compliance
Ingram Content Group UK Ltd.
Pitfield, Milton Keynes, MK11 3LW, UK
UKHW022017170726
13837UKWH00001B/234